実践！

社会科授業の
ユニバーサル
デザイン

展開と技法

村田辰明 編著
社会科授業UD研究会 著

東洋館出版社

実践！　社会科授業のユニバーサルデザイン　展開と技法
目　次

第1章 社会科授業のユニバーサルデザイン 05

1　社会科授業のユニバーサルデザイン 06
2　社会的な見方・考え方 06
3　社会的な見方・考え方の成長 09

第2章 社会科に難しさを感じる子どもたち 13

1　発達障害の子どもにとっての社会科授業 14
2　社会科授業における困難さを軽減する授業UD 16

第3章 「展開の工夫」と「技法の工夫」 19

「展開の工夫」と「技法の工夫」 20

展開の工夫 22

1　展開の構造化と問い 22
2　単元の展開の構造化 25
　　〜「わたしたちのくらしと工場」（3年）〜
3　本時の展開の構造化 30
　　〜「長く続いた戦争」（6年）〜
4　展開の構造化と「まとめ」 38
　　〜「わたしたちのくらしと水」（4年）〜

2

技法の工夫 ━━━━━━━━━━━━━━━ 41

1　共有化 ━━━━━━━━━━━━━━━━━━━ 41

2　焦点化 ━━━━━━━━━━━━━━━━━━━ 42

3　視覚化 ━━━━━━━━━━━━━━━━━━━ 43

4　スモールステップ化 ━━━━━━━━━━━━ 44

5　身体性の活用 ━━━━━━━━━━━━━━━ 45

第4章　「深い学び」と社会科授業のUD ━━━━━━ 47

「深い学び」と社会科授業のUD ━━━━━━━━━ 48

第5章　実践 ━━━━━━━━━━━━━━━━━━━━ 51

①　3年　安全なくらしを守る ━━━━━━━━━ 54

②　3年　市のうつりかわり ━━━━━━━━━━ 64

③　4年　ごみはどこへ ━━━━━━━━━━━━ 74

④　4年　地震にそなえるまちづくり ━━━━━━ 84

⑤　4年　わたしたちの県のまちづくり ━━━━━ 94

⑥　5年　米づくりのさかんな地域 ━━━━━━ 104

⑦　5年　自動車をつくる工業 ━━━━━━━━ 114

⑧　5年　情報を伝える人々とわたしたち ━━━ 124

⑨　6年　天皇を中心とした国づくり ━━━━━ 134

⑩　6年　近代国家を目指して ━━━━━━━━ 144

おわりに ━━━━━━━━━━━━━━━━━━━━━━ 154

引用・参考文献 ━━━━━━━━━━━━━━━━━━━ 155

執筆者一覧 ━━━━━━━━━━━━━━━━━━━━━ 156

第 1 章

社会科授業の
ユニバーサル
デザイン

第1章

社会科授業のユニバーサルデザイン

第1節 社会科授業のユニバーサルデザイン

社会科授業のユニバーサルデザイン（以下、UD）の定義は、

> 学力の優劣や発達障害の有無にかかわらず、すべての子どもが、楽しく「社会的な見方・考え方」を働かせながら問題解決できるように、工夫・配慮された通常学級における社会科授業のデザイン

である。

ポイントは二つ。

一つ目。社会科授業をUD化する目的は、「すべての子どもが楽しく『社会的な見方・考え方』を働かせながら問題解決できるように」すること。

二つ目。社会科授業のUD自体は、目的を実現するための手立てであること。

特に、二つ目には気を付けたい。今、各地で授業UD研究が広がっている。校内研修のテーマに授業UDを掲げる小学校は珍しくない。隣接した複数の小学校と進学先中学校が共同で授業UD研究に取り組むケースや、市町村単位で授業のUD化に取り組む動きも目にするようになってきた。授業UDの広がりは好ましいのだが、中には、授業UD自体が目的化してしまっている授業もある。共有化をしないといけないようだからとにかくペア学習を入れる、視覚化しないと授業UDに見えないので、ひとまず写真にブラインドをかけるなんて実践も目にする。おかしい。本末転倒だ。UD自体は「設計」で、ペア学習することや資料にブラインドをかけることそのものは、授業の目的にはならない。**授業UDは、すべての子どもが教科の本質の世界にたどり着くためにある。**

第2節 社会的な見方・考え方

「社会的な見方・考え方」が、学習指導要領で明確になった。社会科授業のUDが目的として掲げている「社会的な見方・考え方」は、まさに新学習指導要領が打ち出したそれ[1]と同一である。

---

1 小学校社会科では、「社会的事象の見方・考え方」

『小学校学習指導要領（平成29年告示）解説　社会編』にはこうある。

小学校社会科においては、「社会的事象を、位置や空間的な広がり、時期や時間の経過、事象や人々の相互関係などに着目して捉え、比較・分類したり総合したり、地域の人々や国民の生活と関連付けたりすること」を「社会的事象の見方・考え方」として整理し、（以下略）

Point →

社会的な見方・考え方

「社会的事象を，
① 位置や空間的な広がり，＜地理的＞
② 時期や時間の経過，　＜歴史的＞
③ 事象や人々の相互関係　＜関係的＞
などに着目して捉え，

比較・分類したり総合したり，地域の人々や国民の生活と関連付けたりすること」

下線、番号、＜＞は村田

　具体的に考えてみる。**社会的事象とは、人が関与して生み出した世の中に存在するモノやコトである。**

　ペットボトルは、この世に存在しているモノであり、戊辰戦争はかつてこの世で起きたコトである。社会科でもしペットボトルについて考えるとしたら、地理的、歴史的、関係的な視点から見ることになる。例えば、次のようなことが話題になる。

　・どのような自然条件の地域で、ペットボトルは多く使われるだろうか？

【地理的（分布）】

　・いつ頃から、紙パックに代わってペットボトルが利用されるようになってきたのだろうか？　　　　　　　　　　　　　　　　　　　　【歴史的（時期）】

　・今後もペットボトルは利用され続けるのだろうか？

【歴史的（持続可能性）】

　・ペットボトルを開発した人はどのような苦労をしたのだろうか？

【関係的（努力）】

　ちなみに、新学習指導要領では、各教科の教科目標の冒頭に「見方・考え方」という言葉がある。これは、すべての教科に、その教科で子どもたちに伝える

第1章　社会科授業のユニバーサルデザイン　　7

べき、見たり考えたりする時の独自の作法があることを示している。

　社会科で、地理的、歴史的、関係的にみるペットボトルも、国語的に取り上げれば「このお茶の味にぴったり合う表現は？」が話題になったり、算数的にみれば、「重さは？　表面積は？」が話題になったりするのかもしれない。図工的に話すなら「このデザインは魅力的か」が話題となるのかもしれない。同じモノでも、教科によって見方・考え方がずいぶん違い、社会科には社会科独自のスタイルがあるということだ。

　子どもに「ペットボトルを知っていますか？」と問えば、「知っている」と答える。「コンビニエンスストアを知っていますか？」と問えば、「知っている」と答える。しかし、その「知っている」は、見たことがある、聞いたことがあるという「視聴覚レベル」の「知っている」であることが多い。**社会科では地理的・歴史的・関係的な見方・考え方を働かせながら、世の中のモノやコトを「視聴覚レベル」ではなく「意味レベル」でより確かに捉えることができるようにすることが大切である。**

　しかし、ここで気を付けておきたいことがある。

　確かに、子どもの社会的事象についての理解は、「視聴覚レベル」にとどまっていることが多い。しかし、「意味レベル」の理解を全くしていないかというとそうでもない。なぜなら、子どもは幼いながらも「生活者」だからだ。日々生活する中で、コンビニエンスストアの品ぞろえと、季節や天気を関連付けて見たり聞いたりしている子どもはいる。授業前から品ぞろえについて意味レベルで一定の説明ができる子どももいる。ごみの分別が必要な理由を知っている子どももいる。すべての子どもが、「社会的な見方・考え方」がゼロの状態で、社会科の学習に臨むわけではない。では、このような子どもたちにとって、社会的な見方・考え方を働かせることを目的とする社会科授業の価値とは何なのだろうか？

　それは、既有の「社会的な見方・考え方の働かせ方」が、より成長することである。

第 3 節 社会的な見方・考え方の成長

　社会的な見方・考え方の成長には、「多面化」「多角化」「一般化」「具体化」の四つの方向性がある。

Point ⟶

社会的な見方・考え方の成長
多面化　　（例：地理的＋歴史的・関係的） **多角化**　　（例：市民＋行政） **一般化**　　（例：販売活動＋農業・工業） **具体化**　　（例：販売の工夫１＋販売の工夫２）

順に説明する。

◆多面化

社会的事象をより多くの面から捉えられるようになること。

　例えば、授業前にすでに地理的な視点で社会的事象の特色や意味を捉えていた子どもが、社会科授業を通して、歴史的な視点や関係的な視点からも捉えられるようになったとき、社会的な見方・考え方が「多面化」した、成長したという。

◆多角化

社会的事象を複数の立場から捉えられるようになること。

　例えば、市民の立場から社会的事象の意味を捉えていた子どもが、社会科授業を通して、行政の立場からも捉えられるようになったとき、社会的な見方・考え方が「多角化」した、成長したという。

◆一般化

既習の社会的事象の捉え方を別の社会的事象に転用し、共通性を見いだせるようになること。

　例えば、「消費者の願いを受け止めて工夫している」という捉え方をコンビニエンスストアだけにあてはめていた子どもが、スーパーマーケットなど他の

第1章　社会科授業のユニバーサルデザイン　　9

販売活動や農業生産や工業生産などに転用して当てはめられるようになったとき、社会的な見方・考え方が「一般化」した、成長したという。

第5章「4年　地震にそなえるまちづくり」では、一般化の例として「火事への対処や事故の防止は、市、消防、警察、市民などの関係機関が、連携・協力して行っていると捉えていた子どもが、自然災害に対する防災活動においても、市、消防、警察、市民などの関係機関が協力・連携していることを捉えることができる」ことを挙げている。

◆具体化

社会的事象の捉え方を、多くの具体例を挙げながら説明できるようになること。

例えば、消費者の願いを受け止めた販売の工夫の具体例を「品揃え」一つしか挙げられなかった子どもが、「陳列方法」「価格」など二つ、三つと数多く挙げられるようになったとき、社会的な見方・考え方が「具体化」した、成長したという。

子どもは、授業を通じて、社会的事象と出合い、社会的見方・考え方を働かせながら、その社会的事象の特色や意味を見いだしていく。**社会的な見方・考え方は、「社会的事象を捉える眼鏡」のようなものだ。眼鏡があるから、社会的事象を意味レベルで捉えることができる。**

社会的な見方・考え方が「多面化」「多角化」「一般化」「具体化」するということは、より精度の高い「世の中のモノやコトを捉える眼鏡」を手に入れるということだ。

子どもは、精度が上がった眼鏡で、また別の社会的事象と向き合う。その過程で、子どもの社会的な見方・考え方は鍛えられ、より洗練・成長していくことになる。

社会科授業のUDは、すべての子どもが、社会的な見方・考え方を働かせながら問題解決することを目指す。それは実に重要なことである。なぜなら、子どもは問題解決のプロセスを経験しながら、三つの資質・能力（「知識・技能」

「思考力・判断力・表現力等」「学びに向かう力・人間性等」）を育み、公民的な資質・能力の基礎を培っていく。それらは将来、民主主義社会の担い手として独り立ちしていくには必須の資質である。

　社会科授業のUDは、授業レベルでは「社会的な見方・考え方を働かせながら問題解決」できるようにすることを目的としているが、実は、その先に、幸せな社会、民主主義社会の実現という大きな価値を見定めている。

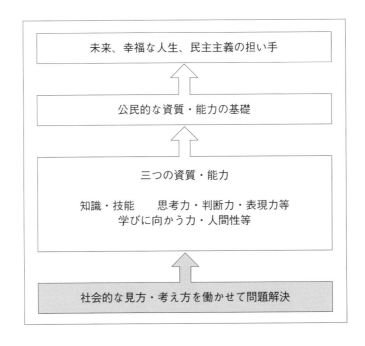

第 **2** 章

社会科に
難しさを感じる
子どもたち

第**2**章

社会科に難しさを感じる子どもたち

第**1**節 発達障害の子どもにとっての社会科授業

　社会科授業のUDは、すべての子どもが、社会的な見方・考え方を働かせて問題解決できることを目指す。すべての子どもである。しかし、その実現は決して容易ではない。

　教室には、発達障害の子どもをはじめ、学びに困難さを感じている子どもがいる。

　例えば、ASD（自閉スペクトラム症）の子どもには、

・コミュニケーションの難しさ

・興味などの偏り

・情報受信の偏り（抽象的で曖昧な情報を理解することが苦手）

・失敗への恐怖心の強さ　などの特性がある。

　そのため、社会科授業では、

　「話合い活動で、自分の考えは積極的に発表するが、友達の発表には関心がないため、まったくと言っていいほど聞けない」

　「知識は豊富だが、社会的事象に関わる人の工夫や努力、気持ちに思いを寄せることができない」

　「提示される資料が文字言語中心だと、社会的事象に興味をもちにくい」

　「音声言語中心のやりとりになりやすい話合い活動に参加しにくい」

などの状況に陥りやすい。

　また、ADHD（注意欠如・多動症）の子どもには、次のような特性がある。

・多動性（落ち着きがなく、じっとしていられない）

・衝動性（突発的な行動が多い）

・不注意（注意が散りやすかったり、忘れっぽかったりする）

　そのため、社会科授業では、

　「資料集を見たときに、同じページにある学習問題と関係ない資料にも目が

14

行ってしまう」

「一つの話題をじっくり話し合う活動に参加しにくい」

「挙手が求められている場面で、挙手せず話を始めてしまったり、授業の流れから大きく外れて自分が知っていることを話し始めたりする」

などの状況に陥りやすい。

LD（学習障害）の子どもには、

・読むことの困難さ

・書くことの困難さ

・計算の困難さ

・推論する困難さ　などの特性がある。

そのため、社会科授業では、例えば、

「文字中心の資料を読み取れない」

「ノートをとったり、まとめを書いたりできない」

などの状況に陥りやすい。

ASD、ADHD、LD単独で、あるいは子どもによっては、重なり合うことで、社会科授業の参加・理解に関して総じて次のような困難さが生じることが多い。

子どもが感じる困難さ（社会科編）

場面 階層	課題設定場面 （問題を把握する、予想する）	課題追求場面 （調べる、読み取る、話し合う）	課題達成場面 （まとめる、ふりかえる）
参加レベル	・社会科に興味関心がもてない 　身近に感じることができない 　"自分ごと"として考えられない 　問題に対して切実感がない ・生活経験に差がある	・資料のどこに着目すればいいのか分からない ・話合いが難しい 　音声言語だけのやり取りについていけない 　話し合いたいと思っていない ・思ったことを言葉で表現することが難しい	・まとめ方が分からない 　何を書けばいいのか視点が分からない 　どのように書けばいいのか分からない ・書くことが嫌い ・社会科に興味関心がもてない
理解レベル	・資料が読み取れない ・学習問題に気付くことが難しい ・予想を立てることが難しい 　予想を立てる際の視点が分からない	・資料を読み取ることが難しい ・理由を考えることが難しい ・多面的・多角的に考えることが難しい ・他者の考えや気持ちを理解することが難しい ・具体的に考えることが難しい ・抽象的に考えることが難しい ・結び付けることが難しい 　事実と事実 　既習事項と本時の課題 　生活経験と本時の課題　など ・一般化することが難しい	・発展的に考えることが難しい ・新たな問いが生まれてこない

第 2 章　社会科に難しさを感じる子どもたち　　15

表に示した「子どもが抱える困難さ（社会科編）」にあるような状況になると、社会科授業への参加・理解が進まず、「社会的な見方・考え方を働かせた問題解決」どころではなくなってしまう。

第2節 社会科授業における困難さを軽減する授業UD

社会科授業で生じるこれらの困難さを克服していくのに、有効な方法の一つが授業UDである。日本授業UD学会では、子どもの抱える困難さと授業UDの関係を「授業UD化モデル」として次のようにまとめている。簡単に説明する。

真ん中の三角形には、便宜上「参加」「理解」「習得」「活用」の四つに分けた授業の様相が描かれている。

三角形の左側には、発達障害の子どもをはじめ授業に困難さを抱えている子どもの「よくある特徴」が書かれている。「理解のゆっくりさ」のある子どもは、例えば10分あればできることが、実際の授業では5分で進んでしまうので理解できない。「複数並行作業の苦手さ」を抱えている子どもは、教師が同時に二つ以上のことを発問したり指示したりするから混乱してしまう。

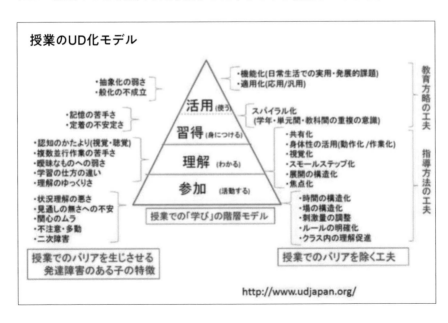

三角形の右側には、左側の発達障害の子どもの「よくある特徴」を軽減する授業デザインの視点が書かれている。この視点こそ、授業UDの内実である。

　ここで、一つ大切なことを確認しておきたい。

　先のASD、ADHD、LDの特性は、発達障害の子どもだけの特性であろうか？

　そうではない。発達障害には強弱があり、明確な境界線はない。

　だとすると、UD化モデルの左側に書かれている「授業でのバリアを生じさせる発達障害のある子の特徴」は、発達障害ではない子どもの多くが部分的にもっている特性と言える。先の「子どもが感じている困難さ（社会科編）」は、発達障害の子どもも含め、社会科が苦手な子どもの多くが部分的にもっている特性だと言える。

　そのように考えていくと、**UD化モデルの右側に書かれている授業でのバリアを除く工夫は、発達障害の子どもはもちろんのこと、発達障害でない多くの子どもにも効果的な工夫であり、社会科授業にも適用可能だと考えるのが自然である。**

　この後の章では、授業UDと社会科授業を重ね合わせながら、その具体を説明していく。

第2章　社会科に難しさを感じる子どもたち　　17

第 **3** 章

「展開の工夫」と
「技法の工夫」

第 **3** 章

「展開の工夫」と「技法の工夫」

　社会科授業のUDとは、「学力の優劣や発達障害の有無にかかわらず、すべての子どもが、楽しく『社会的な見方・考え方』を働かせながら問題解決できるように、工夫・配慮された通常学級における社会科授業のデザイン」である。そしてデザインする際の視点として現時点で、クラス内の理解促進、ルールの明確化、刺激量の調整、場の構造化、時間の構造化、焦点化、展開の構造化、スモールステップ化、視覚化、身体性の活用、共有化、スパイラル化、適用化、機能化を想定している（P16「授業のUD化モデル」参照）。

　これらは、大きく「展開の工夫」と「技法の工夫」の二つの考え方に分けられる。

　「展開の構造化」は「展開の工夫」である。本時あるいは単元をどのように展開していくのかを考える。長いスパンにおける工夫である。

　それに対して、**「共有化」「焦点化」「視覚化」「スモールステップ化」「身体性の活用」**は、どちらかというと、授業の局面において、全員参加・理解をどう進めるかという「技法の工夫」である。

　これまで授業UDが語られるとき、その多くは後者の「局面における技法の工夫」として議論されることが多かった。子どもの興味関心を引き付けるために、写真の一部を隠して提示しよう、知識が豊富な子どもの独壇場にならないように、時々ペア学習を組み込んで情報量をそろえようなどがその一例である。

　「局面における技法の工夫」は間違いなく大切で必要だ。「局面における技法の工夫」があると、発達障害の子どもを含め多くの子どもが、瞬間的に集中力を高め、取り戻し、授業から脱落せずに済む。

　しかし、同時に「局面における技法の工夫」はやはり「局面」に限ったことであり、その効果は、長くは続かない。「局面の工夫」だけで、子どもの参加度・理解度を上げようとするならば、教師は常に細かな工夫を繰り出し、子ど

もはそれを待つという状況が生じてしまう。

　子どもを粘り強い問題解決者として育てることを考えると、「局面の工夫」だけではなく、子ども自身がモチベーションを長く保てるような授業ストーリーのレベルの手立てが必要となる。

展開の工夫

第 1 節 展開の構造化と問い

　子ども自らが、モチベーションを維持しながら、授業や単元に臨めるようにするには、「展開の構造化」が有効である。**「展開の構造化」とは、展開をブロック化し、ある程度パターン化することである。**なぜ「展開の構造化」が有効なのか。子どもが見通しをもてるからである。発達障害の子どもの中には、急な予定変更が苦手、突然目の前に課題が現れることに抵抗を隠さない子どもがいることはよく知られている。担任が朝の会で、今日一日の予定を丁寧に説明して、分かりやすく板書するのはそのためだ。授業も同様だ。**これからの45分間、あるいは単元で、何をするかについてあらかじめ了解しておくことは、発達障害の子どもを含めすべて子どもの安心感につながる。**展開が構造化されると、子ども自身が、問題解決のゴールはどこなのか、次は何をするかが分かるので、見通しをもって安心して学習に臨むことができる。

　幸い、社会科においては、これまで多くの先輩教師により、単元や本時をどのように展開していくかについて多くの知見、実践が積み上げられてきた。ここでは、それらをベースに、すべての子どもが、見通しをもち安心して主体的に社会科の授業に取り組めるような展開の構造化について説明していく。もちろん、展開の構造化は、単に展開をブロック化すればよいというのものではなく、それ自体が、社会的な見方・考え方を働かせた問題解決になっていなければならない。

　では、社会的な見方・考え方を働かせた問題解決となるような展開の構造化はどのように行えばよいのか。**キーになるのは「問い」**（単元の学習問題、本時の学習問題、発問）**である**[2]。なぜか？　それは、「問い」が、子どもの社会的な見方・考え方の働かせた方を規定するからである。

**　社会科独自の「地理的、歴史的、関係的に見て、比較、分類、総合、関連付**

2　ここでいう問いは、単元の学習問題、本時の学習問題、発問など、疑問のサイズにかかわらず、子どもが取り組む疑問のすべてを指す。

22

けて考える」という見方・考え方の働かせ方は、授業中の「問い」と表裏一体である。

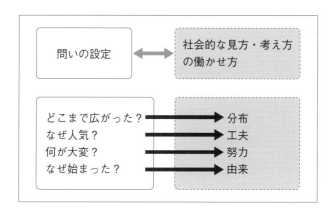

　授業中に、「どこまで広がったか？」と問えば、子どもは、「分布（地理的）」の視点から見ようとする。「なぜ始めた？」と問えば、「由来（歴史的）」の視点から見ようとする。「なぜ人気なのか？」と問えば、「工夫（関係的）」の視点から捉えようとする。「スーパーとコンビニエンスストアで似ているところは？」と問えば比較しながら考えるし、「つまり、どういうこと？」と問えば、総合しながら考えることになる。

　どのように問うか、どのように問いを連続させるかという課題は、どのように社会的な見方・考え方を働かせるかという課題であり、どのように展開を構造化していくかという課題でもある。

　「問い」の選択やつなぎ方を間違うと、その単元で働かせたい社会的な見方・考え方につながっていかないし、子どもも見通しをもつことがむずかしくなる。

　さて、その「問い」であるが、社会科で使用される「問い」のタイプは大きく二つに分かれる。一つは、「見えることを問う問い」であり、もう一つは「見えないことを問う問い」である。

　「見えることを問う問い」は、例えば「いつから戦争が始まったか？」「どこで戦争が起きたか？」「誰が戦争で苦しんだか？」「戦争中、人々は何を食べていたか？」「戦争はどのように広がったか？」などがある。いずれも目で見たり話を聞いたりすることを求める問いである。

第3章　「展開の工夫」と「技法の工夫」　23

一方、「見えないことを問う問い」には、例えば「なぜ、日本軍は東南アジアに進出したのだろうか？」「なぜ、日本は戦争をやめることができなかったのだろうか？」「どうすれば戦争を防ぐことができたのだろうか？」「自分は戦争についてどう考えるか？」など、考えることを求める問いである。

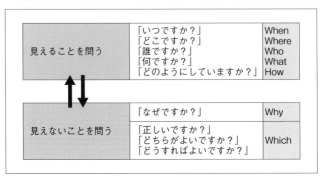

「見えることを問う問い」と「見えないことを問う問い」、いずれも必要で一方だけではいけない。「見えることを問う問い」ばかりだと、社会科は暗記教科と言われる。「見えないことを問う問い」ばかりだと、根拠のない空論が飛び交うことになる。両者がセットになっている授業がよい。

これは、単元「あたたかい地方のくらし」（5年）でよく目にする「沖縄の住宅」の写真である。沖縄という世の中に存在している家というモノである。

この写真を提示し「どんな家が多いですか？」と問えば、「白い家が多い」「コンクリートの家が多い」「屋根が平らな家が多い」「屋根にタンクがのった家が多い」などの答えが返ってくるであろう。しかし、それだけでは十分でない。「見える世界」から「見えない世界」へ導くことが大切だ。

「なぜ、白い？」「なぜ、コンクリート製？」「なぜ屋根が平ら？」「なぜ、タンクが多い？」という「問い」が必要である。「白いのは強い日差し対応」「コンクリート製で屋根が平らなのは、台風対策」「タンクが多いのは、沖縄の河川が短く、飲料水確保が難しいため」などと子どもが沖縄の家に関して見えた

ことを、沖縄の気候、地形すなわち自然条件と関連付けて説明できた時、沖縄の家のことが分かっているという。**社会科授業では、「見えることを問う問い」と「見えないことを問う問い」が、子どもの意識にのりながら、連続することが必須である。**

では、どのように「問い」を生み出し、展開を構造化すればよいのだろうか。

第2節 単元の展開の構造化

単元の展開の構造化の手順は、

> ①資料を提示し、社会的事象について、関心や驚きなどを引き出す
> ②関心や驚きなどを基に、「単元の問い」を設定する
> ③「単元の問い」に対する予想を出し合う
> ④予想を分類し、「本時の問い」を設定する

単元「わたしたちのくらしと工場」（3年）を例に説明する。取り上げたのは、大阪名物「551の豚まん」だ。

❶ 関心をもたせる情報を提示する

まず、紙袋の中身のにおいを嗅がせ、入っているものを予想させる。豚まんのにおいに教室は多いに盛り上がる。予想を発表させた上で豚まんの写真を提示する。

社会的事象との出合いである。何と出合わせるかが、大きなポイントとなる。**授業で取り上げる社会的事象を決定する際には、複数の教科書に目を通すとよい。**A社は「仙台市のささかま」、B社は「横浜市のしゅうまい」。いずれもその土地ならではのモノであり、どの子どもも知っている商品の工場が取り上げられている。「では、関西学院初等部がある宝塚では？子どもの通学区域である兵庫では？大阪では？関西では？」と考える、結果の一つが、豚まんだ。

「『豚まんと言えば○○』。この続きを言えますか？」と問う。「忘れられない味」「長い行列」「安くて美味しい」「幸せな気分になる」「包むところを見せている」等々、さすが大阪名物、意見が途切れない。

社会的事象と出合わせたら、まずは、子どもの生活経験や既有知識を引き出す。社会的事象への関心を引き出すとともに、社会的事象と自分の生活が無関係ではないことを意識させるためである。

❷ 関心を絞り込む情報を提示する

子どもの関心が豚まんに向く。しかし、この時点では当然のことながら「これからのどんな学習をしたいですか？」とは聞かない。聞けば、「どうして美味しいのか」「どうして人気があるのか」「どうして包む様子を見せるのか」「どうして安いのか」等々、「問い」が広がりすぎて、よほど腕のある教師でないとその後、収束させられない。手に負えない状況が生じてしまう。ここでは、「みんながとっても美味しいという豚まんですが、一日何個作っていると思いますか？」と問い、関心を絞る。簡単に予想を発表させた後、「季節や天気によっても違いますが、多い時で30万個」と伝える。子どもから「エー」と声が上がる。「今、どうして『エー』と言ったのですか？」とつぶやきを拾い、「すごい数でびっくりした」などの感想を引き出す。ここで初めて「これからどんな学習していきたいですか？」と尋ねる。どの子も、数やおいしさに関係する話をする。これで、「単元の問い」が、「551は、どのようにしておいしい豚まんをたくさん作っているのだろうか」に絞られる。

この場面では、「単元の問い」に外せないキーワードが際立つように、絞り込んで発問したり資料を提示したりする。「単元の問い」を「551は、どのようにしておいしい豚まんをたくさん作っているのだろうか？」としたい。先の「①関心をもたせる情報を提示する」段階で、すでに「おいしい」は出ているので、「たくさん」を強く意識させる必要がある。だから、板書上で0をゆっくり重ねながら、「30万個」を提示し、「エー」と声が上がるようにする。「単元の問い」を設定する際には、「エー」といった驚きや「う～ん？」といった困惑や分からなさが必須である。社会的事象について、子どもの心が動かなければならない。

ここまで読んで、疑問に思われたことがあるかもしれない。「単元の問い」を誰が口にするのかという疑問だ。子どもでなければならないのだろうか、それとも教師が言ってもよいのだろうか。**一番よいのは子ども自身が「単元の問い」を言葉にすることだが、教師が口にするのも「よい」と考える。ただし、条件がある。**教師が「単元の問い」を口にする前に、子どもサイドに、「そうそう、それを考えたい」とか「その問いを考えるのは面白そうだ」といった、**教師の提案を前向きに受け止める思考体制が整っている必要がある。**

　まずいのは、教師が「単元の問い」を口にした時に、子どもが「えっ、何を急に」と思うことである。提案ではなく強制と受け止められてしまうことである。たとえ、教師からの提案であっても、その提案を子どもが主体的に取り組みたい問いとして了解したとき、その問いは、子ども自身が取り組むことを決定した自分の問いと言ってよい。

❸「単元の問い」に対する予想を分類する

　「単元の問い」の次は「本時の問い」を立てる必要がある。まず、単元の問い「551は、どのようにしておいしい豚まんをたくさん作っているのだろうか？」について予想を出し合う。一人一つ予想をＡ４用紙に書き、黒板に貼る。「機械を使っている」「ロボットを使っている」「豚まんを包む手の動きが速い」「職人さんが技を持っている」「特別な材料を使っている」「心を込めて作っている」「お客さんが安心できるように作っている」など様々な予想が出る。それらを似たもの同士でグループ分けする。

　ICT環境が整っている学校であれば、Ａ４用紙ではなく、タブレット端末などでデータ送信させ集約するのもよい。

❹ 分類された予想の共通点を話し合う

　幾つかに分類されたうちの一つを指さし「このグループに入っている予想は、何が同じですか？」「このグループの予想は、何が気になった予想ですか？」と問う。子どもから「このグループはどれも職人さんのこと」「職人さんの技が気になっている予想」「このグループは、材料のことが気になっている予想が集まっている」などが返ってくる。「では、それぞれの予想をこれからみん

第3章　「展開の工夫」と「技法の工夫」　　27

なで詳しく追究していこう」と伝え、「本時の問い」とその順番を確認する。予想をベースに「本時の問い」を立てるのだ。結果、次のような学習計画が立つ。

時間		問い
1時間目	単元の問い	551は、どのようにしておいしい豚まんをたくさん作っているのか
2時間目	本時の問い①	551は、どんな食材をつかっているのか
3時間目	本時の問い②	551は、どんな生地をつかっているのか
4時間目	本時の問い③	551は、どんな機械をつかっているのか
5時間目	本時の問い④	職人さんは、どんな服をきているか
6時間目	本時の問い⑤	職人さんは、どのように包んでいるか
7時間目	本時の問い⑥	職人さんは、どんな気持ちで豚まんを作っているのか
8時間目	本時の問い⑦	お客さんは、豚まんのことをどう思っているのか
9時間目	単元のまとめ	学習をまとめよう

　このような方法で、「単元の問い」「本時の問い」を絞り連続させることのよさは、子どもの側にも教師の側にもある。子どもは「問い」を自分たちのものとして受け止めることができ、その後の授業への参加意識が高まる。また、追究する順番が事前に見えるので、見通しがもてない子どもにとっても安心して授業に臨みやすくなる。加えて教師自身も臨みやすくなる。本時（上の単元でいうと、2～8時間目）の各スタートが、「（教師）今日は何をしますか？」「（子ども）どんな機械を使っているか」「（教師）まずはそのことに関係する資料を見せますよ」という簡単なやりとりから始められる。もし「単元の問い」「本時の問い」が立っていない、あるいは、子どもに意識されていない状況だと、各授業のスタートで、教師は毎回毎回、子どもの関心を高めるようなインパクトのある資料や発問を準備しなくてはならなくなる。

　ここで、「単元の問い」「本時の問い」を立てる際に気を付けおくとよいことを何点か挙げておく。

◆ **「見えることを問う問い」からスタートする。**
　授業中の「問い」は、基本的には、「見えることを問う問い」からスタート

し、「見えないことを問う問い」に移行するとよい。例えば、「どのように？」からスタートし、途中から「なぜ？」に移行するパターンだ。これは、「なぜ？」に比べ「どのように？」の方が大切な問いだと言っているのではない。まずは事実をしっかり確認した上で、因果関係を考えたり価値判断したりすることが大切だということだ。授業を「なぜ？」からスタートする授業も勿論あるが、「なぜ？」を考えるのは、子どもにとって大変難易度の高い思考になるので、授業者にはかなりの腕が求められる。したがって、先の豚まんを取り上げた単元の「本時の問い」は、すべて「どのように？」からスタートしている。

　本書の第5章の実践事例を見ると、「単元の問い」の多くが、「どのように？」となっていることが分かる。また、「本時の問い」が、「どのように？」から「なぜ？」に移行していることが分かる。

◆主語を明確にした「問い」を立てる。

　単元「事故や事件からくらしを守る」（4年）で、「事故や事件を防ぐために、警察はどのような取組をしているのだろうか」という問いを立てる際、「警察」という主語を落としてしまうと、子どもの反応に「パトロール」「取り締まり」に加えて、「安全装置のついた自動車の開発」が入ってくることがある。これは単元「自動車をつくる工業」（5年）の学習である。「警察」という主語が入っていれば、それは防げる。また、主語の有無、あるいは主語を何にするかは、まとめの文章にも影響を与える。

　「問い」の主語が、「NGOは」なのか、「NGOの村田さんは」なのか、そのいずれでもないのかで、まとめの文は全く変わる。「問い」の中の主語が変わるということは、子どもが向き合う社会的事象が変わるということだ。したがって、先の豚まんの「単元の問い」には、「551」「職人さん」「お客さん」などの主語が入っている。

◆予想ではなく疑問を出させ、分類することもある。

　豚まんを取り上げた実践では、「単元の問い」に対する予想を分類し「単元の問い」を立てる方法を紹介したが、予想ではなく疑問を出させ分類することもある。第5章「5年　米づくりのさかんな地域」で、子どもの疑問を分類し

第3章　「展開の工夫」と「技法の工夫」　　29

「単元の問い」を立てる方法も紹介している。

◆「単元の問い」に対する予想や疑問を出す際、足場が必要になる場合がある。

　先の豚まんを取り上げた実践では、単元の問い「551は、どのようにしておいしい豚まんをたくさん作っているのか？」に対する予想をする際、特に資料は準備していない。子どもの中に、豚まんに対するある程度の知識やイメージがあるからだ。しかし、単元によっては資料の準備が必要になることがある。歴史学習などは特にそうだ。予想を立てたり疑問を出したりする際に最低限必要になる人名などを知らない子どももいるからだ。第5章「6年　天皇を中心とした国づくり」では、年表を足場にしながら、予想したり疑問を出したりする方法を紹介している。

◆予想を分類する視点は、様々である。

　先の豚まんを取り上げた実践では、子どもが出した予想を「材料」「職人さん」「機械」「気持ち」で分類した。第5章の実践事例では、他に、人で分類する方法、時系列で分類する方法、手続きで分類する方法などを紹介している。

◆単元の問いは一つとは限らない。

　一つの単元における「単元の問い」の数は常に一つと限らず、単元によっては、第5章「5年　自動車をつくる工業」のように、複数になることもある。

第3節　本時の展開の構造化

❶ 単元「わたしたちのくらしと工場」（3年）

　単元の構造化が必要なように、本時の構造化も大切である。まず、551の豚まんを例に説明する。

　本時①「551は、どんな食材をつかっているのか？」では、授業前半、北海道と淡路島の玉ねぎを使っていることや8mmに刻んでいることを見つけ、授業後半でその理由を話し合う。

　本時②「551は、どんな生地をつかっているの

か？」では、授業前半、3種類の生地を準備していることを確認し、授業後半、なぜ3種類も必要なのかを話し合う。

本時④「職人さんは、どんな服をきているか？」では、授業前半、作業服の特徴を確認し、授業後半で、なぜそのような服を着るのかを考える。

いずれも授業の前半で見えることを問い、後半で見えないことを問うている。他の時間も同様に進める。あえてこのように展開をパターン化することで、子どもは、「まず見えることを探して、その後その理由を話し合うのだ」と見通しをもって取り組める。何も言わなくても「なぜ？」と考えるようになる。

本時の展開が構造化されるよさは、他にもある。

下の文章は、本時④「職人さんは、どんな服をきているか？」後のある子どものまとめの文である。

> 手首のところが、ゴムになっていて、足首もゴムになっていて、外でついたほこりを豚まんに入れないように、工夫されている。ハンカチやふだんポケットに入れている物も豚まんにいれないように、ズボンの外側にポケットがなく、内側にポケットがついていて、とても工夫されています。
>
> つまり、551の豚まんを作っている会社など、しょく人さんは、おいしさ、安全さ、しんせんさを考えていて、お客さんを大切にしている人たちだなと思いました。

＿＿＿は「見えること」で、＿＿＿は「見えないこと」、＿＿＿は「見えないこと」を一般化した箇所である。本時の展開が構造化されると、まとめの文章も構造化されるのである。子どももまとめを書きやすくなる。

❷ 単元「長く続いた戦争」（6年）

本時の構造化をもう少し詳しく見ていく。例は単元「長く続いた戦争」（6年）。

「単元の問い」に対する予想を基に「本時の問い」をつくり、次のような単元計画を立てる。まず、本時②「戦争はどのように広がったか」と本時③

【単元の問い】
・「戦争はどのように進んだのか」

【本時の問い】
・本時① 戦争はどのように始まったのか
・本時② 戦争はどのように広がったのか
・本時③ 国民はどのような生活をしていたか
・本時④ 戦争はどのように終わったのか

【単元のまとめ】

第3章 「展開の工夫」と「技法の工夫」　31

「国民はどのような生活をしていたか」の流れを説明する。

本時❷ 戦争はどのように広がったのか

「本時の問い」が、子どもに届いているので、授業の入りはシンプルだ。

 教　師「今日は何について学習しますか？」
 子ども「戦争は、どのように広がったのか」
 教　師「では、それに関係する資料を見せます」

資料①を提示

 教　師「戦争はどのように広がっていますか？　日本軍は、どのように進出していますか？」
 子ども「南へ広がっている」
 教　師「なぜ、東南アジアに進出したのでしょう？」
 教　師「この資料を基に、ペアで考えてみましょう」

資料②を提示

 子ども「石油、石炭、鉄鉱石を確保しようとしたから」
 教　師「なぜ、石油などが必要なのですか？」
 子ども「武器をつくったり、人や武器を運んだりするのに必要だから。戦争に勝つため」
 教　師「東南アジアに進出した日本は、やがてアメリカと衝突します」

資料①　日本軍の侵略

資料②　東南アジアにある資源

教　師「当時の日本とアメリカの生産力の差です。みんなは、日本のことをどう思いますか？」

資料③を提示

資料③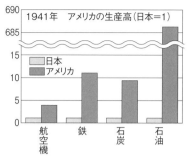

子ども「勝てるわけがない」
　　　「無謀」
　　　「なぜ止めなかったんだろう」

教　師「政府は、日本軍の暴走をとめることができませんでした。なぜでしょう？　この資料を基に考えてみましょう」

資料④⑤を提示

資料④　歴代総理大臣

27代	1929〜1931	浜口雄幸	立憲民政党総裁
28代	1931	若槻礼次郎	立憲民政党総裁
29代	1931〜1934	犬養毅	立憲政友会総裁
30代	1932〜1934	斉藤実	海軍軍人
31代	1934〜1936	岡田啓介	海軍軍人

資料⑤　515事件を報じる新聞記事

子ども「軍人がリーダーになっているから」
　　　「止めようとしたら、命が危ないから」
　　　「民主主義な世の中でなくなったから」

教　師「『戦争の広がり』『民主主義』という言葉を使って、まとめを書きなさい」

子ども「日本は東南アジアに進出し、アメリカと戦争になった。戦争の広がりを止められなかったのは、民主主義が崩れてしまったから」

本時❸ 国民はどのような生活をしていたか

授業の入りはやはりシンプルだ。

教　　師「今日は何について学習しますか？」

子ども「国民の生活」

教　　師「では、それに関係する資料を見せますよ」

資料①②を提示

資料①　戦争中の家の中

資料②　戦争中の街の様子

教　　師「何が見えますか？」[3]

よくある「何か気付いたことはありませんか？」に比べると「何が見えますか？」の方が、社会科の苦手な子どもにとって、発表しやすくなる。ちょっとした言葉がけの違いで授業への参加度は明らかにかわってくる。「小さなUD」と言ってもよいかもしれない。

子ども「ぜいたくは出来ない」

　　　「ガラスに何かが貼ってある」

　　　「ヘルメットがある」

　　　「照明に大きなカバーがかけてある」

教　　師「なぜ、そうなっているのですか？」

子ども「戦争に協力させようとしているから」

　　　「街があることに気付かれないように、光をもらさない」

　　　「爆風で窓ガラスが割れにくいようにするため」

3　「何が見えますか」という発問は、佐藤正寿氏の実践を参考にしている。

教　師「このような生活をどう思いますか？」
子ども「かわいそう」
　　　「つらい」
　　　「よく我慢している」
教　師「当時の人々は、なぜ、そんなつらい生活に耐えたのでしょうか？」
子ども「不満を言えない。言えば非国民と言われるから」
　　　「日本が勝つと信じていたから」
教　師「なぜ、国民は勝つと信じていたのだろうか？　この資料を基に考えましょう」
資料③④を順に提示する

資料③　戦時中の教科書　　**資料④　ミッドウエー海戦を伝える新聞記事**

子ども「小さいころから、兵隊はかっこいい、戦争は正しいと教育されていたから、勝つと信じていた」
　　　「負けていても、日本は勝っていると嘘の情報を与えられていたので、勝つと信じていた」
教　師「今日のまとめを書きなさい」
子ども「戦争中、国民は、戦争は正しい、日本は必ず勝つと信じ込まされていた。そうやって厳しい生活に耐えていた」

本時の展開を構造化する際のポイントは、次の３つ。

①「見えること」から「見えないこと」へ展開する
②理由の理由を問う
③理由を考える際の足場となる資料提示を工夫する

❶「見えること」から「見えないこと」へ展開する

必ずというわけではないが、45分間の授業前半で「見えること」を、後半で「見えないこと」（因果関係や価値判断）を話題にするのが、オーソドックスだ。

本時②では、前半「戦争はどのように広がったか？」という事実をおさえた上で、後半「戦争の広がりをどう思うか？」「なぜ、広がりを止めることができかなかったのか？」を話題にしている。本時③では、前半は、「国民はどのような生活をしていたか？」という事実を押さえた上で、後半「そんな生活をどう思うか？」「なぜ国民は勝つと信じていたのか？」を話題にしている。本時②も本時③も、授業前半に見えることを問い、事実を確認している。そして、**授業後半に、「見えないこと」を問うパターンにしている。こうすることで、子どもは、社会的事象を「見える」点からと「見えない」点からの両面からバランスよく捉えることができる。**また、パターン化することで、見通しをもって授業に参加することができる。

❷ 理由の理由を問う

本時②には、「なぜ、東南アジアに進出したのか？」→「石油や鉄などの資源が必要だったから」→「なぜ、石油や鉄などの資源が必要だったのか？」といった展開がある。

また、本時③には、「なぜ、国民は、そんなつらい生活に耐えたのか？」→「勝つと信じていたから」→「なぜ、勝つと信じていたのか？」といった展開がある。

共通しているのは、「なぜ？」発問を繰り返していることである。一度、「なぜ？」と問い、子どもから考えを引き出す。そこで終わるのではなく、導き出した考えに、さらに「なぜ？」を重ねるのである。「なぜ？」を重ねることで、**子どもは社会的事象の特色や意味を深く捉えることができる。**

36

先の豚まんを取り上げた授業を終えた3年生の子どもが、社会科の振り返りに次のように書いている。

・一つ理解すると、なぜ？とつっこみが入り、ウ〜ンと考えることが、成長につながっていくんじゃないかと思います。

・一つの答えが、しつ問にかわるので、じゅ業がどんどん深くなります。

　よく「『なぜ？』を3回繰り返すと、物事の本質に迫れる」と言われる。まさにその通りだ。

❸ 理由を考える際の足場となる資料提示を工夫する

　「見えないことを問う問い」、とりわけ因果関係を問う「なぜ？」発問は、社会科においては、必要不可欠である。「なぜ？」発問がないと、社会科は断片的知識を詰込む、いわゆる暗記教科となってしまう。しかし、子どもにとって、この「なぜ？」発問が難しい。「見えることを問う問い」に比べ、思考の難易度が一気に上がるからである。社会科には必要不可欠な問いだが、子どもにとって難しい問いで、実に悩ましい。

　そこで、ポイントになるのが、思考の足場になる資料提示である。

　もし、本時②において、資料なしで、「政府は、日本軍の暴走をとめることができませんでした。なぜでしょう？」とだけ発問したら、子どもはどんな反応をするだろうか。おそらく多くの子どもが固まるのではないだろうか。もし、本時③において、資料なしで、「なぜ、国民は勝つと信じていたのだろうか？」とだけ聞かれたら、大人でもそう簡単に答えられないかもしれない。

　そこで、本時②では、「政府は、日本軍の暴走をとめることができませんでした。なぜ？」と発問した後、「この資料を基に考えてみましょう」と伝え、資料④歴代総理大臣、資料⑤515事件を知らせる新聞記事を提示する。

　本時③では、「なぜ、国民は勝つと信じていたのだろうか？」と発問した後、「この資料を基に考えましょう」と伝え、資料③戦時中の教科書、資料④ミッドウェー海戦を伝える新聞記事を提示する。こうすれば、まったく手が出ない、固まるという状況にはならない。すべての子どもが考える足場を得ると同時に、主体的に自分の考えを根拠付けながらまとめようとする。教師の側から言えば、因果関係を考えるという授業の重要場面で、全員参加・理解を促すことができ

第3章　「展開の工夫」と「技法の工夫」　37

る。

　ここで、気を付けたいことがある。資料は、常に教師から提示されるものではないということだ。むしろ、子ども自らが探し出す方が望ましい。「なぜ？」発問の後、子どもが、自力で教科書や資料集から必要な資料を見いだし、「なぜ？」に対する理由をまとめるのがよい。書籍やインターネットで調べた資料など「子ども発の資料」が取り上げられる授業だとなおよい。社会科ではそのような主体的な姿を求めたい。

　しかし、「すべての子ども」がいきなり主体的且つ適切に資料を探し活用することは難しい。「多くの子ども」にとってはさほど難しくないかもしれないが、中にはお手上げ状態になる子どもがいる。社会科が苦手な子ども、発達障害の子どもの中には、多くの資料が掲載されている教科書や資料集が情報の洪水に感じられ、どの資料を見ればよいかが分からない子どももいる。「すべての子ども」が根拠となる資料を主体的に見つけ活用できるようにしたいのであれば、やはり、まずは資料の探し方、資料の見方などを教師とともに丁寧に学んでいく段階が必要となる。したがって、子どもの状況によっては、「この資料を基に考えましょう」と伝え、教師が資料を提示することも、あってよい。

　教師がどのタイミングでどのような資料を提示するのか、あるいは、しないのかについては、目の前にどんな子どもがいるかによって変わってくる。

　第5章「5年　米づくりのさかんな地域」では、子どもの状況に応じて、同じ地図でもその見せ方を変えている例を紹介している。

第4節 展開の構造化と「まとめ」

　展開を構造化と子どもの「まとめ」の関連について、単元「わたしたちのくらしと水」（4年）を例に説明する。

　6時間目に「単元のまとめ」をする。ここでは、まとめはノート2ページにまとめるように指示する。子どものまとめを二つ紹介する。単元展開と「まとめ」を見比べてみてほしい。

展開の構造化を図った授業における子どものまとめ

時間		問い
1時間目	単元の問い	すごい量の水は、どのようにして私たちのところまでくるのだろうか？
2時間目	本時の問い①	水はどこからきているのか？
3時間目	本時の問い②	水をどのようにきれいにしているのか？
4時間目	本時の問い③	水はどこを通ってくるのか？
5時間目	本時の問い④	水は使われた後、どうなるのか？
6時間目	単元のまとめ	学習をまとめよう。

　どちらのまとめも、「水はどこからきているのか？」「水をどのようにきれいにしているのか？」「水はどこを通ってくるのか？」「水は使われた後はどのようになるのか？」で構成されている。単元展開をそのまま「まとめ」に反映している。単元展開を下敷きにしながら、まとめを書かせると、まとめに何を書けばよいのかが分からない、どのようにまとめを書けばよいかが分からないという子どもは皆無となる。多少見た目は異なるが、すべての子どもがまとめを書ける。すべての子どもがまとめを書けるということは、すべての子どもが自分が学んだことを明確に自覚できるということだ。社会科授業が子どもにとって、手ごたえのあるものとなる。この手ごたえが、次の単元へのモチベーションにつながり、授業への参加度を引き上げる。

技法の工夫

「展開の工夫」に加えて、共有化、焦点化、視覚化、スモールステップ化、身体性の活用を視点に授業をデザインし、局面で、全員参加、全員理解を促すことも大切である。

第 1 節 共有化

共有化とは、一人の考えのよさを全員に広げ、全員でよりよい考えをつくりだしていくことである。

社会科授業は何人かの子どもの独壇場になりがちだ。社会経験、知識量の格差は、教師が考えている以上に大きい。社会経験、知識が豊富なことは悪いことではない。問題は、授業においてそれが個人内にとどまってしまい、広がっていないことである。

共有化には、例えば次のような方法がある。

・Aさんが発表した後、「Aさんが発言したことを、隣の人に伝えなさい」と再現させる方法
・Bさんの発表を途中で止め「Bさんは、この後何と言うと思いますか」と継続させる方法
・挙手したCさんに、考えをそのまま発言させず「Cさんがよいことに気付いています。今からCさんにヒントを出してもらいます」と暗示させる方法

これ以外にも様々な方法がある。

第5章「4年　わたしたちの県のまちづくり」では、ベン図をつかって共有化を図る例を紹介している。

共有化を図ることで、理解がゆっくりな子どもは、他の子どもの考えを聴きながら理解を進めることができる。理解のはやい子は、他の子へ考えを伝えることでより深く理解することができる。

第3章　「展開の工夫」と「技法の工夫」　41

ただし、共有化する際、気を付けるべきことがある。それは、タイミングを間違わないことである。共有化は、通常の「発問→挙手→指名→発表」に比べて、時間がかかる。常に再現、継続、暗示などの方法をとると、時間が大きく不足してしまう。したがって、それの方法は、授業の中で特に全員の参加レベル、理解レベルを上げたい場面。社会科でいうと「見えないことを問う」場面での使用が望ましい。

第 2 節 焦点化

　焦点化とは、問いや内容や活動などを絞り込むことである。焦点化は、どの教科でも大切だが、対象となる社会的事象が無数にあり、内容が曖昧になりがちな社会科では特にポイントとなる。

　問いや内容や活動を絞り込む一つの方法として有効なのが、複数の教科書を比較することだ。

　例えば、A社とB社の教科書の単元「わたしたちのくらしと工場」（3年）に掲載されている「問い」を比較する。

A社	B社
ささかまぼこは、どのようにして作られているのでしょう。	しゅうまいは、どのようにして作られているのだろうか。
ささかまぼこの工場では、どのような工夫をしているのでしょうか。	工場で働く人たちは、どのようなことに気を付けているのだろう。
かまぼこは何からできているのでしょうか。	原料は、どこから運ばれてきて、製品はどこへ運ばれていくのだろう。
工場は、他の地いきとどのようにかかわっているのでしょうか。	

　言葉は多少違えど、A社とB社の問いが大変似ていることが分かる。この共通点こそ、焦点化すべき「問い」であり、子どもたちと共に設定したい「問い」である。複数の教科書を比較すると、「問い」だけでなく、内容は活動も絞り込みやすくなる。

第5章「4年　ごみはどこへ」では、三つのものに順位を付けるという活動の焦点化を図ることで、本時のねらいにせまる例を紹介している。

第 3 節 視覚化

視覚化するとは、資料を加工したり、子どもの思考を「見える化」したりして、効果的に視覚的情報を用いることである。

発達障害の子どもに限らず、視覚情報優位の子どもは多い。しかしながら、実際の教室でやりとりされる情報のほとんどは、音声言語、文字言語である。

社会科の視覚化は、主に二つある。

一つは資料の見せ方の工夫である。例えば、次のような具体的な方法がある。

・写真などの資料にブラインドをかけ、何が隠れているか予想させる。

（第5章「3年　市のうつりかわり」ではグラフにブラインドをかけ、「単元の問い」をつくる方法を紹介している。）

・写真の一部をアップで見せ、周囲はどうなっているかを予想させた後、ルーズにして全体を見せる。

・資料を加工してダウト箇所をつくり、どこが間違っているかを考えさせる。

・動画を途中で止め、続きがどうなるか予想させる。

いずれの方法も、資料をそのまま提示して「気付いたことはありませんか？」と発問するより、子どもは好奇心をもって、資料を読み取ろうとする。

ただし、気を付けることがある。ブラインド箇所に何が隠れているか、どこがダウトなのかを話し合うことが、学習内容につながっていることだ。そうでなければ、その場を面白おかしく盛り上げるためだけの加工になってしまう。

資料の見せ方の工夫について、第5章「3年　安全なくらしを守る」では、資料提示の方法を固定的に考えず学級の実態に合わせて工夫することが大切だということを、信号機を例に説明している。

二つ目は、子どもの「思考の見える化」だ。

社会科で必須の話合い活動は、ほぼ音声言語のやりとりで、一度文脈がとれなくなると、話合い活動への復帰は難しくなってしまう。したがって、今、何を問題にしているのか、誰がどのような立場で発言しているのか、すべての子どもが把握しておく必要がある。第5章「6年　近代国家を目指して」では、

円グラフを使って、①調べたこと、②自分の意見や疑問、③判断の三つをあらかじめノートに書かせ、「思考の見える化」を図る例を紹介している。また、第5章「4年　わたしたちの県のまちづくり」では、ベン図を使って子どもの気付きを「見える化」している。

第4節 スモールステップ化

スモールステップ化とは、目の前の子どもたちに合わせて、学習活動を細分化していくことである。

調べ方のスモールステップ化、まとめ方のスモールステップ化などがある。

例えば、調べ方のスモールステップ化には、

　　①教師が提示した一つの資料を全員で読み取り調べる

　　②教師が提示した複数の資料から選択して調べる

　　③教科書、資料集の中から自分で資料を探して調べる

　　④図書館の本やインターネットの情報などで調べる　などがある。

まとめ方のスモールステップ化には、次のような方法がある。単元「あたたかい地方のくらし」（5年）を例にとる。

①視写する

　　「沖縄で農業をしている人は温かい気候や台風のことを考えて、作物を作っている。例えばゴーヤは……」を写しなさい。

②空欄を埋める

　　「沖縄で農業をしている人は（　　　　　）や（　　　　　）のことを考えて、作物を作っている。例えばゴーヤは……」の空欄を埋めなさい。

③続きを書く

　　「沖縄で農業をしている人は〜」の続きを書きなさい。

④重要語句を入れて書く

　　「沖縄」「気候」「台風」を入れて、まとめなさい。

⑤フリーで書く

まとめなさい。

第5章「5年　情報を伝える人々とわたしたち」では、まとめとふりかえり

をわけて書かせる方法を紹介している。

　調べ方もまとめ方も、多くの子どもにとっては、いきなりフリーでよいのかもしれない。しかし、どうしてもそれでは難しい子どもがいる。ならば、やはり指導は丁寧であるべきだ。指導の丁寧さが、社会科の苦手な子どもに安心感をもたらし、得意な子どもに、自分の学びの確かさと手ごたえを感じ取らせることになる。

第 5 節 身体性の活用

　身体性の活用とは、動作化したり作業化したりして、知識をより実感として捉えさせることである。

　社会科では、社会的事象の渦中にいる人の行為を動作化・作業化することで、その方たちの工夫や努力に多少なりとも近付くことができる。

　例えば、沖縄の主要産物であるモズクのとり方を予想して動いてみる、流れ作業でミニカーを組み立ててみる、学校で出るごみと同じ重さの袋を持ってみる。

　動作化・作業化する時、子どもは必ず予想し、思考しているので、動作化・作業化した後は、「実際はどうやっているのだろう？」と考える。これがその後の学びのモチベーションとなり、すべての子どもの参加度を引き上げることになる。

第4章

「深い学び」と
社会科授業のUD

第**4**章

「深い学び」と社会科授業のUD

　ここまで、社会科授業のUDの「展開の工夫」と「技法の工夫」についてその概要を記してきた。実践編に入る前に、社会科授業のUDと「深い学び」の重なりについて確認しておく。

　社会科の「深い学び」については、『小学校学習指導要領解説　社会編』に

> 深い学びの実現のためには、（中略）主として用語・語句などを含めた個別の事実等に関する知識のみならず、主として社会的事象等の特色や意味、理論などを含めた社会の中で汎用的に使うことのできる概念等に関わる知識を獲得するように学習を設計することが求められる。

とある。

　では、「概念等に関わる知識」とは何であろうか。

　「いつですか？」「誰ですか？」「どのように？」など「見えることを問う問い」を追究した結果、子どもが得る知識を「事実的知識」と言う。これに対して「見えないことを問う問い」の内、「なぜですか？」と因果関係を問う問いを追究した結果、子どもが得る知識は、「〜だから〜なっている」「〜なっているのは〜だからだ」という形の概念的知識である。もう一つ、「見えないことを問う問い」の内、「正しいですか？」「よいですか？」「どうすべきですか？」など価値判断を問う問いを追究した結果、子どもが得る知識を「価値判断的知識」という。

　深い学びに必須の「概念等にかかわる知識」とは、「見えないことを問う問い」を追究した結果、子どもが得る「概念的知識」と「価値判断的知識」を指す。

　深い学びを実現する授業は、何か特別に深掘りした授業でもなければ、社会科授業のUDと無縁な授業でもない。

　社会科授業のUDが目指す「すべての子どもが楽しく『社会的な見方・考え方』を働かせながら問題解決する」オーソドックスな授業そのものである。

社会科授業のUDが大切にしている「見えることを問う問い」と「見えないことを問う問い」の追究そのものが深い学びとなる。
　社会科授業のUDと「深い学び」は軌を一にしているのである。

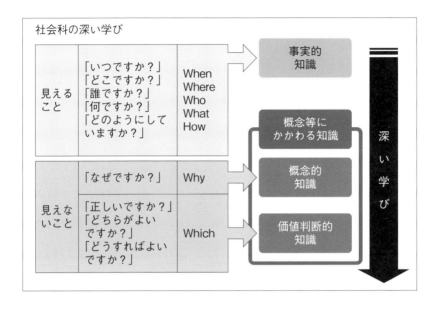

第5章

5

実　践

1．3年　安全なくらしを守る

2．3年　市のうつりかわり

3．4年　ごみはどこへ

4．4年　地震にそなえるまちづくり

5．4年　わたしたちの県のまちづくり

6．5年　米づくりのさかんな地域

7．5年　自動車をつくる工業

8．5年　情報を伝える人々とわたしたち

9．6年　天皇を中心とした国づくり

10．6年　近代国家を目指して

実践編の読み方

　実践編では、1 単元、2 難しさを感じている子ども、3 本時の三つを説明している。

1　単元

単元で成長させたい社会的な見方・考え方の例

　単元で成長させたい社会的な見方・考え方の一例を「多面化」「多角化」「一般化」「具体化」の四つの視点で示した。

単元展開

時間	問い
1	人口が増えているにもかかわらず、なぜ火災発生件数や死傷者数は減っているのだろう？ 消防署の人たちは、どのようにして火から人々を守っているのだろう？
2	119番はどこにつながるのだろう？ ➡なぜ消防車は約5分以内に現場に到着できるのだろう？
3	消防署の中はどのようになっているのだろう？ ➡なぜ消防署の人たちはすぐに出動できるのだろう？
4	消防自動車はどのようになっているのだろう？ ➡なぜ地域によって消防自動車が違うのだろう？
5	どのようにして火を消しているのだろう？ ➡なぜ火を確実に安全に消すことができるのだろう？
6	火を消す時にどのように協力しているのだろう？ ➡なぜ関係機関と協力する必要があるのだろう？
7	まちの中にはどのような防火施設を設置しているのだろう？ ➡防火施設は、なぜまんべんなく配備されているのだろう？
8	どのようにして地域の人々と協力しているのだろう？

- 網掛けは「単元の問い」
- 「単元の問い」を解決するため、子どもとつくった学習計画
- 1行目に見えることを問う「本時の問い」、矢印の後に見えないことを問う「本時の問い」

単元展開のポイント

　「単元の問いは無理に一つにしない」、「重点の置き方を工夫する」など、単元構想における汎用的なポイントを示した。

「単元の問い」を立てる授業

　「単元の問い」を立てる授業展開を、資料提示や発問などのポイントが分かるように示した。

52

2　難しさを感じている子ども

難しさを感じている子どもへの手立て

「子どもたちが感じている困難」と「その手立て」を簡潔に示した。

目の前の子どもたちを見とり、手立てを考える際のアイデアの一つとして示したものである。

- 社会的事象に関心が弱く、問題把握の場面では何が問題なのかつかみにくいAさん
  - → できるだけ子どもたちの身近にある社会的事象から入り、興味をもたせる。
  - → 「誰もが見たことがあるもの」を事例にすることで、考えやすくさせる。
  - → 事例を絞り焦点をあてることで、問題意識を持ちやすくさせる。

3　本時

本時の展開と技法

授業の構成はできていても、すべての子どもが社会的な見方・考え方を働かせた問題解決ができる授業は難しい。ここでは、1時間の授業を取り上げ、「全員がわかる・できる」授業にするための、局面における技法の工夫（視覚化、焦点化、共有化など）を示した。

信号機の中で重要な色は、「止まれ」を意味する赤色である。運転手から見えやすいように、運転席と同じ右側に赤色が配置されている。また、歩道側からの障害物（例えば街路樹）があり、左側が見えにくくなっても、右側の方は見えやすいようにしている。ちなみに雪が多く降る地域に見られる縦型信号機の上が赤色になっていることも同じ理由である。

> **Point　目の前の子どもに合わせる**
>
> 上記のようにダウトにして探す時に、どこを見たらいいのか分からなく集中が続かない子どもが多ければ、右図のように2択クイズにして選ばせた方が取り組みやすくなる。UD化の具体的な方法は、固定的に考えず、学級の実態に合わせて工夫することが大切である。考えさせる手段は違っていても、たどり着かせたいゴール（知識の獲得）は変わらない。

3 年生

安全なくらしを守る

単元のねらい

　地域の安全を守る働きについて、施設・設備などの配置、緊急時への備えや対応などに着目し、地域の安全を守るために消防署や警察署などの関係機関は、相互に連携して緊急時に対処する体制をとっていることや、地域の人々と協力して火災や事故等の防止に努めていることを理解できるようにする。

単元で成長させたい社会的な見方・考え方の例

多面化	消防署のはたらきについて、緊急時の対処をするという役目からしか捉えていなかった子どもが ➡未然の防止をするという役目からも捉えることができる。
多角化	安全なくらしの実現について、消防署や警察署の人が守ってくれるという市民の立場からのみ捉えていた子どもが ➡事故や事件を防ぐために自分にもできることはあるという地域の一員としての立場からも捉えることができる。
一般化	警察署の未然の防止活動について、パトロールしか例を挙げられなかった子どもが ➡交通安全教室や事故防止ポスターなども例にしながら説明することができる。
具体化	ごみ処理は市民と行政が協力して行っていると捉えていた子どもが ➡火事や事故の防止も、消防署や警察署と市民が協力していると捉えることができる。

単元展開　安全なくらしを守る

時間	問い
1	人口が増えているにもかかわらず、なぜ火災発生件数や死傷者数は減っているのだろう？ 消防署の人たちは、どのようにして火事から人々を守っているのだろう？
2	119番はどこにつながるのだろう？ ➡なぜ消防車は約5分以内に現場に到着できるのだろう？
3	消防署の中はどのようになっているのだろう？ ➡なぜ消防署の人たちはすぐに出動できるのだろう？
4	消防自動車はどのようになっているのだろう？ ➡なぜ地域によって消防自動車が違うのだろう？
5	どのようにして火を消しているのだろう？ ➡なぜ火を確実に安全に消すことができるのだろう？
6	火を消す時にどのように協力しているのだろう？ ➡なぜ関係機関と協力する必要があるのだろう？
7	まちの中にはどのような防火施設を設置しているのだろう？ ➡防火施設は、なぜまんべんなく配備されているのだろう？
8	どのようにして地域の人々と協力しているのだろう？ ➡消防署があるのになぜ消防団が必要なのだろう？
9	自動車保持者数が増えているのにもかかわらず、なぜ交通事故数は減っているのだろう？ 警察署の人たちは、事故を減らすためにどのような取組をしているのだろう？
10	警察署の人は、事故を防ぐためにどのようなものを設置しているのだろう？ ➡なぜ信号機の右側が赤色なのだろう？
11	警察署の人は、事故を防ぐためにどのようなことをしているのだろう？ ➡なぜ事故や事件がないのに見回りをするのだろう？
12	警察署の人は、事故を防ぐために地域の人たちとどのような協力をしているのだろう？ ➡警察署や交番があるのになぜ子ども110番の家があるのだろう？
13	それでも事故や事件が起きた時、警察署の人たちは、どのように対処しているのだろう？ ➡なぜ関係機関と協力する必要があるのだろう？
14	消防と警察を比較しよう ➡消防と警察の「共通点」は何だろう？
15	地域の安全は、どのように守られているのだろう？ ➡安全を守るために自分たちにできることは何だろう？

3年生　安全なくらしを守る　　55

■単元展開のポイント

●重点の置き方を工夫する

　本単元では、消防と警察それぞれの「緊急の対処」「未然の防止」について学習する。消防の仕事では「緊急の対処」に焦点をあて、警察の仕事では「未然の防止」に焦点をあてて学習を進める。「緊急の対処」か「未然の防止」のどちらかに重点を置くようにし、効果的な指導になるように工夫することが肝要である。
※単元の構成も軽重を付けて計画する

（例）

消防署	緊急の対処 7時間		未然の防止 2時間
警察署	緊急の対処 1時間	未然の防止 4時間	

●比較して関連付ける

　単元の終末には、消防の仕事と警察の仕事の比較を取り入れる。消防署と警察署、それぞれ役割は違うが、「安全を守る」「人の命を守る」「地域で協力している」という点ではどちらも同じである。比較させ、それぞれを関連付けて考えさせることで、子ども自身が公的にも、地域の方々にも守られていることを実感する。

「単元の問い」を立てる授業（第1時）

❶ 火災に関する資料を見て、問題意識をもつ

　消防の導入場面である。まず火災の映像を見せる（火災で辛い経験をしたことがないか事前に子どもたちに確認する等の配慮が必要）。子どもたちは「怖い」「火の勢いがすごい」「すぐに燃えてしまうんだ……」と口々につぶやく。火災が起きて困ることを子どもたちに問い、全てが燃えてしまうことや命を失うこともあることを確認させる。

そして2015年の数字にブラインドをかけた以下の表を提示する。

	人口	火災発生件数	死傷者数
2007年	221529人	50	14
2015年	224903人	17	0

(「消防年報」宝塚市消防本部総務課を元に作成)

　まず、既習事項である2015年の市の「人口」を提示する。次に、2015年の火災発生件数と使用者数のブラインドを外して提示する。人口が増えているので火災発生件数と死傷者数も当然増えていると思っていた子どもたちは「え、減っているんだ！？」と驚く。「今、○○さんはどうして驚いたの？」と教師が尋ねる。「だって、人数が増えているのに火事や死傷者数は減っているから、なんでだろうと思いました」と子どもが答える。予想と事実の「ズレ」から、子どもの中に「単元の問い」につながる疑問が生まれる瞬間である。

❷ 主語を入れて、「単元の問い」を立てる

　つぶやきは自由に出させる。しかし、ここで「なぜ火災発生件数や死傷者数が減っているのか」を「単元の問い」にすると、子どもたちの予想が拡散しすぎる。学習を見通すことが難しくなってしまう。そこで、予想が拡散しすぎないように「単元の問い」の<u>主語を確定させる</u>。

　「火事が起きたときに活躍する人は誰？」と教師が問うと、子どもたちの多くは「消防署の人」と答える。そこで、「<u>消防署の人たちは、どのようにして火事から人々を守っているのだろう？</u>」という「単元の問い」を立てる。主語を入れることで、子どもが着目する社会的事象が明確になる。

 なぜ火災件数や死傷者数が減っているのだろう？

 消防署の人たちは、どのようにして火事から人々を守っているのだろう？

❸ 予想を分類し、調べる計画（学習計画）を立てる

「単元の問い」が立てば、その「単元の問い」に対して予想をさせる。ここで子どもたちからよく出される予想は「訓練」である。その予想を受け止めつつ、予想の幅を広げさせるために「訓練以外にどのような予想ができますか？」と問う。子どもたちは「消防車ですぐにかけつける」「消防でチームを組んで消火している」等、様々に予想する。子どもたち一人一人が、自分が予想したものの中から一つを選び、Ａ４用紙等に書く。書いた用紙を黒板に並べる。ここで大切なことは、出された予想に対してその根拠や理由、疑問などを話し合う「予想の磨き合い」をすることである。同じような予想でも、微妙な違いに気付くことができる。また、より問題意識を高めることができる。

話合いをしながら出された予想を下図のように分類していく。あくまでも個人個人の予想を大切にしながら、出された予想を分類することで、これから調べる計画（学習計画）を立てる。

　単元を見通す問い

　　消防署の人たちは、火を早く消すためにどのようなことをしているのだろう？（緊急の対処）

　　消防署の人たちは、火災を防ぐためにどのような取組をしているのだろう？（未然の防止）

の２つに大きく分けられる。さらに、「速さ」「訓練」「協力」など、キーワードで小さく分類する。それらが「本時の問い」につながる。

消防署の人たちは、どのようにして火事から人々を守っているのだろう？

| 119番通報があったらすぐに出動する | 日頃から訓練をして備えている | チームを組んで消火している | 警察の人と連携している | | 会議を行って安全対策を練る | ポスターを作って呼びかける |
| 消防車ですぐにかけつける | ホースの点検をしている | たくさんの消防車で消火する | | | 消防車でパトロールする | 消火器を家庭に設置している |

　　　速さ　　　　訓練　　　　　　協力　　　　　　　　　防止

火を早く消すためにどのようなことをしているのか？　　　火災を防ぐためにどのようなことをしているのか？

難しさを感じている子どもへの手だて

◉社会的事象に関心が弱く、問題把握の場面では何が問題なのかつかみにくいAさん

➡できるだけ子どもたちの身近にある社会的事象から入り、興味をもたせる。
➡「誰もが見たことがあるもの」を事例にすることで、考えやすくさせる。
➡事例を絞り焦点をあてることで、問題意識を持ちやすくさせる。
★本時では、「信号機」を扱う。

◉抽象的思考が働く話合いが苦手なBさん

➡「なぜ〜？」等、問いと答えとの距離が遠い発問の時、ヒントを出させたり、友だちの発言を再現させたりすることで共有化を図る。
★本時では、信号機の右側が赤色だということの理由を考えさせる場面で、他の子にヒントを出させる。
➡一人の子の発言を全員に問い返すなどして、今何を話し合っているのか一つ一つ確認しながら話合いを進める。

本時の展開と技法（第10時）

本時のねらい

信号機と横断歩道について調べ、二つの共通点について考えることを通して、身の回りにある様々な設備が事故を防ぐために工夫されていることを理解できるようにする。

第10時の展開

❶ 通学路の写真を見て、どこが間違いか発表する

右の写真を提示する。子どもたち全員が必ず通る場所の写真である。この中にひとつだけ間違いがある。ダウト問題である。

※信号機の右側の青色になっている写真

> **Point　間違い探しをさせる【視覚化】**
> 「間違い探し」をさせることで、本時で考えさせたい部分に焦点をあてる。

正解は信号機の色。実際は、右側が赤色である。子どもたちは、普段信号機を見ているようで見ていない。その「いつも見ているものが、実はよく見ていなかった」という感覚のズレが、「なぜだろう？」という問いを生み出す。

❷ 信号機の右側が赤色である意味を考え、話し合う

「日本の横型信号機は、なぜすべて右側が赤色だと思いますか？」と発問する。ここで既有知識の豊富な子どもに答えを言わせると、分かっている子どもだけで授業が進んでしまう。また、理由を考えることに困難さを感じるBさんにも配慮し、共有化を図りながらじっくりと考えさせる。

まず、グー、チョキ、パーで子どもたちに意思表示をさせる。正解の自信が

ある子どもにはグーを挙げさせる。少し自信がある子どもはチョキ。まったく自信がない子どもにはパーを挙げさせる。現時点での理解度の可視化であり、「全員参加」の手だてでもある。

> **Point 作業や動作を入れる【身体性の活用】**
> 子どもたちが思考をしているかどうかは見えにくい。「全員が手をあげる」「全員がノートに書く」など、授業の中で子どもの考えや意思、理解度が可視化される場面を設定したい。また、集中が続かない子どもにとって作業や動作を適宜入れることは、集中を持続させるための手だてにもなる。

この時、グーを挙げた子どもに理由をこっそりと尋ねる。その子どもが正解していたら、全員に向けてヒントを言わせる。例えば「重要な色は……？」「自動車の運転手が座る場所は……？」というような感じである。ヒントを出させながら、ペアで確認したり再現させたりする。全員の知恵を出し、学級内で少しずつ考えを広めていくイメージである。

信号機の中で重要な色は、「止まれ」を意味する赤色である。運転手から見えやすいように、運転席と同じ右側に赤色が配置されている。また、歩道側からの障害物（例えば街路樹）があり、左側が見えにくくなっても、右側の方は見えやすいようにしている。ちなみに雪が多く降る地域に見られる縦型信号機の上が赤色になっていることも同じ理由である。

> **Point 目の前の子どもに合わせる**
>
> 上記のようにダウトにして探す時に、どこを見たらいいのか分からなく集中が続かない子どもが多ければ、右図のように二択クイズにして選ばせた方が取り組みやすくなる。UD化の具体的な方法は、固定的に考えず、学級の実態に合わせて工夫することが大切である。考えさせる手段は違っていても、たどり着かせたいゴール（知識の獲得）は変わらない。

3年生　安全なくらしを守る

❸ 横断歩道のデザインを思い出し、描く

「ところで、先程君たちが見た写真、横断歩道も写っていましたよね。横断歩道、描けますか？」と発問する。実際に子どもたちに描かせる。信号機と同じように、子どもたちは横断歩道も見ているようで見ていない。右図のAかBで迷う子どもが多い。答えはB。1992年にAのはしご型からBのゼブラ型に変更になったのである。

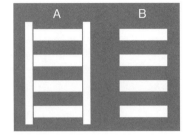

❹ 横断歩道のデザインがAからBに変化した理由を考え、発表する

「なぜ横断歩道のデザインがAからBに変わったと思いますか？」と発問する。子どもたちは様々に予想する。答えは、Bの方が水はけがよく、標示面でのスリップを防止できるからである。ここでは、信号機の事例のように多くの時間を割かないようにする。

> **Ｐoint 軽重を付ける**
>
> １時間の授業の中で、時間をかけて考えさせたい場面を絞ることが大切である。考える場面に時間をとることで、子どもは集中して思考することができる。

❺ 信号機と横断歩道の共通点を考え、発表する

「信号機と横断歩道、共通していることは何だと思いますか？」と発問する。子どもたちは、「どちらも事故を防ぐための工夫がある」「どちらも安全を守るために工夫されている」等と発言する。「信号機は右側が赤色になっている」「横断歩道はゼブラ型になっている」という２つの事実的知識の共通点を考えさせることで、より抽象度の高い概念的知識を獲得することができる。

❻ まとめとふり返りを書く

授業のまとめは、まず、獲得した概念等に関わる知識を書かせる。例えば、「警察署の人は、人々の安全を守るために、信号機や横断歩道を工夫している」

となる。

　続いて、主語を子ども自身にしてふり返りを書かせる。例えば、「私は、信号機や横断歩道の工夫の意味がよく分かりました。何気なく見ていた信号にもそんな秘密があることを知ってびっくりしました。今日の帰りに信号機以外の安全を守っているものをたくさん見つけて帰りたいです」。授業内容に対する子どもの解釈や思いが表れる。毎回の授業で繰り返し書かせることで、子どもたちの豊かな言葉が綴られるようになる。

❼ 他に安全を守るものがないのか考え、発表する

　「君たちの安全を守ってくれているものは、信号機と横断歩道だけなのですよね」とゆさぶる発問をする。子どもたちは「それだけではない。例えば、道路標識は色やデザインも考えて分かりやすく伝わるようにつくられていると思う」等と答える。自分の身の回りにあるもので、安全を守るものを探し出す。家で調べてきたり、課外の時間を使ってまとめてきたりする子どもも出てくると考えられる。そのような姿があれば、次の時間に紹介する。

3年生

市のうつりかわり

単元のねらい

　身近な地域や市について、交通や公共施設、土地利用や人口、生活の道具などの時期による違いに着目して、市や人々の生活の様子は、時間の経過に伴い、移り変わってきたことを理解できるようにする。

単元で成長させたい社会的な見方・考え方の例

多面化	K市の人口の変化について、郊外開発などの土地利用の変化からしか捉えていなかった子どもが ➡交通の面や人々の生活の変化などからも捉えることができる。
多角化	K市の交通の発達について、「便利になった」と利用者の立場でしか考えていなかった子どもが ➡K市へ鉄道を開通させたねらいなど、開発する側の立場からも考えることができる。
一般化	自分たちが住むまちの様子について、交通とまちのにぎわいには関係があると捉えていた子どもが ➡今も昔も交通と人口には関係があると捉えることができる。
具体化	K市の交通の発達について、電車の開通からしか説明できなかった子どもが ➡道路の発達や大都市へのアクセスの改善などからも説明することができる。

64

単元展開　市のうつりかわり

時間	問い
1	私たちの市はどのように移り変わってきたのだろう？
2	鉄道の開通によって、市はどのように発展したのだろう？ ➡鉄道が開通したことで、人々の生活にどのような変化があったのだろう？
3	道路はどのように整備されてきたのだろう？ ➡自動車が増えたことで、人々の生活にどのような変化があったのだろう？
4	土地の使われ方はどのように変わってきたのか？ ➡住宅地が山側へ広がったのはなぜだろう？
5	公共施設はどのような働きをしてきたのだろう？
6	これからの市はどのようになっていくとよいだろうか？
7	住み良い私たちの市を考えて、提案しよう

3年生　市のうつりかわり　　65

単元展開のポイント

●捉えやすい事例を一つ示した上で、「単元の問い」を立てる

　授業の冒頭にいきなり、「私たちの市はどのように移り変わってきたのか」という「単元の問い」を提示しては、授業が成り立たない。子どもたちが自然とこの問いに向かえるように、捉えやすい事例を学習した後に、「他にはないかな？」と問うようにする。

　本単元では、自分たちが住んでいる市の移り変わりについて、土地利用、交通、公共、人口を視点に考える。「単元の問い」を立てる前に、捉えやすい事例として、まず人口の変化について取り上げる。なぜなら、人口は数字であり、多くの子どもにとって変化していることが一番捉えやすいと考えたからである。人口の変化について捉えた上で「変化しているのは人口だけだと思いますか？」と問い、「わたしたちの市はどのように移り変わってきたのか」という「単元の問い」を立てる。

　ここでは人口からはじめること選んだが、市によっては駅などの身近な施設からはじめることも考えられる。ポイントは子どもたちにとって捉えやすい事例から始めるということである。

「単元の問い」を立てる授業（第1時）

第1時の授業の展開

❶人口の推移のグラフを提示し、「K市はどのように移り変わっていったのか」という「単元の問い」を立てる

　K市の人口の推移にブラインドをかけておき、平成28年のK市の人口がおよそ何人か予想させる。「グラフに15万人って書いてあるから、それぐらいいるのかな」と予想が出される。

　次に昭和12年のK市の人口がおよそ何人か予想させ、ブラインドを外す。「今と比べるとすごく少ないね」「この後は増えたのかな」と、子どもたちからグ

66

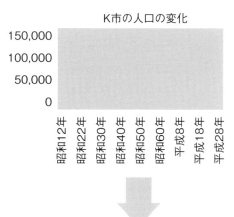

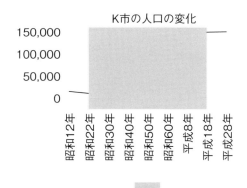

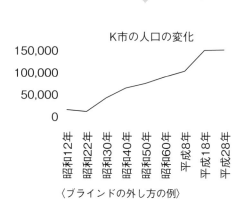

〈ブラインドの外し方の例〉

3年生 市のうつりかわり

ラフの見えない部分を想像した考えが出される。

子どもたちに「隠れている昭和12年から平成28年の間も知りたい？」と問うと、「知りたい！」と言う。

このようにして、子どもたちの関心を自然とグラフに向けさせる。

すべてのブラインドを外し、「何か気付いたことはないですか？」と問うと、「最初は真っ直ぐだ」「だんだん増えているね」「でも、また真っ直ぐになっているよ」などの気付きが出される。「グラフが一番大きく変わっているのはどこですか。お隣の人と確認しましょう」と言うと、「平成18年」と気付くことができる。そこで、平成18年は市町村合併があり、周りの町を合併したことで、人口が大きく増えたことを伝える。

このような人口の変化を捉えた上で、「変化しているのは人口だけだと思いますか？」と問う。すると「他にもある」と答える。そこで、「K市はどのように移り変わっていったのか」という「単元の問い」を立てる。

「単元の問い」を教師が投げかける場合は事前の意識づくりが大切である。

❷ 資料を参考に、予想をノートに書く

「人口の変化が大きい時期には、K市にはどのような変化があったのか」と問われて、簡単に予想できる子どもたちもいれば、全く思い付かない子どももいる。そこで、昭和12年と平成28年のK市の地図を提示し、「この資料をヒントに考えてごらん」と投げかける。考える足場を与えることで、全員が参加できる活動にする。

【昭和12年のK市】

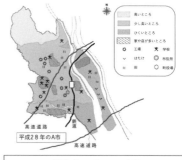

【平成28年のK市】

❸ 予想を分類し、学習計画を立てる

　ノートに書いた予想を発表させる。「道路が増えた」や「家が増えた」などの気付きが発表される。発表された予想を分類し、学習計画を立てる。

　子どもたちからは様々な気付きが発表されるが、それらを「鉄道の開通によって、市はどのように発展したのか」「道路はどのように整備されてきたのか」「土地の使われ方はどのように変わってきたのか」の3つに分類し、それぞれを追究する授業を展開していく。

【第1時の板書】

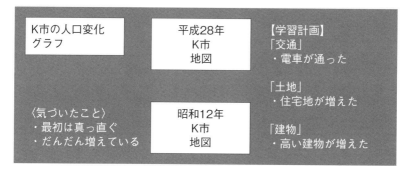

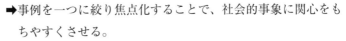

難しさを感じている子どもへの手だて

◉抽象的思考が苦手なAさん

➡事例を一つに絞り焦点化することで、社会的事象に関心をもちやすくさせる。
➡ペアで話を共有化し、友だちの意見に触れさせることで、考えを整理できるようにする。
★本時では、土地の使われ方に着目することで、関心をもちやすくする。
★市役所の方とビデオ通話アプリで話すことで、具体的に想像できるようにする。

◉話合いが苦手なBさん。

➡考えがまとまらない場合、周りの子どもにヒントを出させたり、友だちの発言を再現させたりすることで共有化を図る。
➡一人の子の発言を全員に問い返したり、ペアで確認させたりして、今何を話し合っているのか一つ一つ確認しながら話合いを進める。
★本時では、ペアで地図を見ながら確認する場面を設定し、思考を深められるようにする。

本時の展開と技法（第4時）

本時のねらい

市の人口増加によって土地利用がどう変化してきたかを調べることを通して、住宅地の広がり方とその理由を理解できるようにする。

第4時の展開

❶ 昭和12年ごろの地図を提示し、土地の使われ方はどのように変化していったのか予想する

本時では、二つの時代の比較をするのではなく、変化を捉えることが大事なので、地図などの資料は少なくとも三つの時代のものを提示する。

最初に、昭和12年の地図を提示し、土地はどのように使われているか問う。

昭和12年では、土地はどのように使われていますか

見えることを問うことからはじめる。子どもは「田畑が多い」や「自分たちが住んでいるところにまだ家がない」などの気付きを発表する。

「次に昭和42年と平成28年の地図を見せます。どのように変化していると思いますか？」と、土地利用の変化について予想させる。「もっと、住宅が増えていきそう」「住宅が増える分、田畑が減りそう」といった予想が発表される。

3年生　市のうつりかわり　71

❷ 昭和42年、平成28年の地図から、土地の使われ方の変化を読み取る

　予想をしているから答えが知りたくなる。ここで、いきなり資料を与えてもいいが、どこを見たらいいのか分からない子どもがいる。そのため、「自分たちの予想と合っているのはどれか、お隣さんと相談しながら資料を見なさい」と指示をする。視点を持たせてから資料の読み取りをさせる。

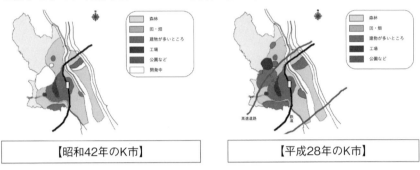

❸「駅前ではなく、なぜ山側に住宅地が広がっていったのか」という問いを立て、予想する

　②の活動で全体の土地利用の変化（見えること）については学習している。そこで終わらせるのではなく、住宅や田畑など特徴的なものを一つ取り上げ、なぜそのような変化をしたのか（見えないこと）を問い、学習を深めていきたい。子どもたちは、②の活動の読み取りの中で、「住宅地はただ増えているだけでなく、山側に増えていっている」「駅前は全然変わっていない」という気付きが発表される。その発言を拾い、「駅前ではなく、なぜ山側に住宅地が広がっていったのかな？」と見えないことを問う。子どもたちからは、「駅前には新しい土地がないから」「山なら住宅地に変えられるから」という予想が発表される。

④ 「問い」について、市役所の方へのインタビューで調べる

　③の活動の子どもたちの予想で終わってはいけない。確かな情報を基に調べることが必要である。「みんなの予想はどうやったら調べられる？」と問うと、「つくった人に聞けば分かる」「市役所の人は知ってそう」などと答える。資料を教師が与えるのではなく、どうやったら調べられるのか子どもに考えさせたい。「市役所の人は知っていそうと●●さんが言っていたね、電話してみようか」と言うと、子どもは目を輝かせて「やってみたい」と言う。事前に市役所の都市整備課の方に連絡をしておき、実際に授業の中で、ビデオ通話アプリを使って通話をしてみる。子どもたちは、「住宅地をつくるのは、誰が決めるのですか？」「どうして山側に住宅地が広がったのですか？」などと質問し、回答してもらうことができる。授業のライブ感を大事にしたい。

> **Ｐoint　調べ方も考えさせる**
>
> 　教師が資料を与えるだけでなく、予想を確かめるためには、どのように調べれば良いかを考えさせる。事前に、子どもたちから出されるだろう調べ方を予測しておき、準備をしておく。子どもたちが、学習へ主体的に参加できるように授業を展開したい。

⑤ まとめをノートに書く

　「K市の土地利用には変化がある。例えば、〜。住宅地は山側に広がっていった。なぜなら〜。」というリード文を与えてまとめを書かせる。

3年生　市のうつりかわり　73

4年生

ごみはどこへ

単元のねらい

　「廃棄物を処理する事業」について、処理の仕組みや再利用、県内外の人々の協力などに着目して考え、衛生的な処理や資源の有効利用ができるよう工夫して進められていることや、人々の努力が生活環境の維持と向上に役立っていることなどを理解できるようにする。

単元で成長させたい社会的な見方・考え方の例

多面化	ごみ処理の仕方について、「仕組み」や「工夫」など、関係的な視点からでしか捉えていなかった子どもが ➡「環境」や「持続可能性」という視点からも捉えることができる。
多角化	リサイクルの仕方について、「環境に優しいことだ」と、分別する側の立場からのみ捉えていた子どもが ➡「リサイクルは簡単なことではない」という処理する側の立場からも捉えることができる。
一般化	飲料水の供給に関わる人は「安全で衛生的な処理」や「環境への配慮」という工夫をしている、と捉えていた子どもが ➡ごみ処理に関わる人も同様に、「安全」や「衛生」、「環境」等に配慮していると捉えることができる。
具体化	「環境に配慮したごみ処理の仕方」について、「分別」しか例を挙げられなかった子どもが ➡「高温で燃やすこと」や「灰の再利用」なども例にしながら、説明することができる。

74

単元展開　ごみはどこへ

時間	問い
1	わたしたちの生活から出たごみは、どのように処理されていくのか？
2	ごみには、どのような種類があるのか？ ごみは、どのようにして集められているのか？ ➡なぜ、ごみを分別する必要があるのか？
3・4	燃えるごみは、どのように処理されているのか？ ➡何のために工夫しているのか？
5	燃えるごみ以外のごみ（資源ごみや粗大ごみ）は、どのように処理されているのか？ ➡なぜ、燃えるごみと違う処理のしかたをするのか？
6	3Rとは、どのような取組か？ ➡ごみを減らすために、何を大切にすべきか？
7	ごみを減らすために、具体的に自分たちにどんなことができるのだろうか？
8	学習してきたごみ処理の取組について、共通していることはどんなことか？ （まとめ）

4年生　ごみはどこへ　75

■ 単元展開のポイント

●子どもの思考のつながりを大切にする

　単元の学びを深めるために、学習計画を立てる時点の子どもたちからは、出てきにくい発想や事象を扱いたい時がある。本単元でいうと、「３Ｒの取組」がそれに当たる。教師からこうした事象を与えて学習を展開したい場合、子どもたちが唐突さを感じずに向き合えるよう、子どもの思考につながりをもたせることが大切である。そのために、例えば、「これまでの学習と扱いたい事象の関連を見つけ、話題がつながるように資料を提示する」「問いを引き出すための資料を提示し、導入の話合いから本時の問いを設定する」など、丁寧な導入を心がけたい。

●社会を読み解くためのキーワードと繰り返し出合えるようにする

　「公衆衛生」「再利用」「自然環境への配慮」「人々の協力」等の視点は、社会を読み解くための大事なキーワードである。「浄水のしくみ」を学習するだけでは、定着しにくい。そのため、「廃棄物処理のしくみ」を学習する際にもこれらのキーワードと出合えるように、意図的に計画する。

「単元の問い」を立てる授業（第１時）

❶ 写真を見て、「ごみのゆくえ」について、関心をもつ

　「これは何でしょう？」と、写真を加工したものの一部を見せる。「山だ！」「夕焼けかな？きれい」など、明るい声が響く。しかし徐々に全体像を見せていくと、「カラフルすぎない……？」「うわ！山は山でも、ごみの山だった！」など、インパクトのある光景に驚くことになる。

　ここで教師が、「これは、とある場所のごみ捨て場だそうです。みんなの家から出たごみもここにあるんだよね？」と尋ねる。すると、子どもたちからは「ちがう！」「きっとそんなことない！」などという声が挙がるだろう。子どもたちは、無自覚ながらも日本の社会の素晴らしい部分を知っている。「この状

態は不衛生だ」「詳しくは知らないけれど、(日本では)このまま放っておくわけがない」など、もっている知識や感覚などを出し合う中で、話題が「わたしたちが出したごみのゆくえ」に移っていく。

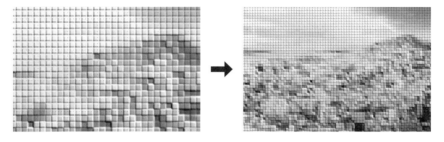

©MOHAMED ABDULRAHEEM

❷ 「単元の問い」を立てる

　自分たちの家から出たごみが、ここにはないと思った理由について尋ねる。「だって、家では黄色の袋にいれてごみを出すんだけど、ここには映ってないもん」「この写真には色んな種類のごみがあるけど、家では分けて捨てているよ！」「燃やせるごみってあるくらいだから、こんなふうに放っておかないで、燃やされてるはず！」など、子どもたちが日常生活から気付いていることを引き出せるだろう。

　ここで、この写真がとある国のものであることを伝え、「自分たちの住む地域では、適切にごみが処理されているに違いない」という認識を共有する。そして、「わたしたちの生活から出たごみは、どのように処理されているのだろう？」という「単元の問い」を設定する。

4年生　ごみはどこへ　77

❸ 考えた予想を分類し、「本時の問い」を設定する

　単元の問いについて、まずノートに予想を書かせる。この時、箇条書きでたくさん書くように伝える。ペアの子どもと話し合いながら、数を増やすようにしてもいいだろう。

　その後、書いた予想を出し合い、分類し、本時の問いを設定していく。「どのように処理されているのか？」という問いは仕組み・方法を尋ねているため、出る予想は「工程の一部分」、とくに「燃やす」に集中する。そこで、「まだ出ていない意見を出していこう」と声をかけ、様々な予想が出るようにする。

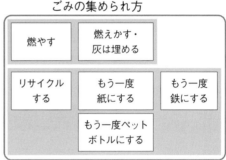

　ごみの処理には、様々な立場の人が関わり、連携しているが、導入の段階で子どもたちがそれに気付いて、主語を明確にすることは難しい。ここでは、大きく「ごみの集められ方」「ごみの処理の仕方」に分類し、その中で関係の深い観点をまとめて本時の問いを設定する。「どのようにごみが集められているのか？」「燃えるごみは、どのように処理されているのか？」「燃えないごみは、どのように処理（リサイクル）されているのか？」などの問いと、学習の順番を共有する。

難しさを感じている子どもへの手だて

◉ 物事を理解するのに時間を要し、速いテンポが苦手なAさん

- ➡ 間口の狭い発問から入るなど、スモールステップ化して一つ一つの発問・活動に確実に参加できるようにする。
- ➡ ペアトークを活用し、キーとなる考えを共有できる機会をつくる。
- ➡ 音声言語のやり取りで継次処理に偏らないように、発言や情報の関係性等を板書に示し、同時処理でもアプローチできるようにする。
- ➡ 単線的に進む展開だけでなく、「行きつ戻りつ」できる、幅のある活動を保障する。
- ★ 本時では、「３Ｒの『心がけの順番』」について予想した後、立ち歩いて話し合う」活動を取り入れる。その際、「自分の考えを何度決め直しても良い」とする。

◉ 注意や姿勢を持続させることが苦手で、学習意欲が低下しがちなBさん

- ➡ ダウトや並べ替えクイズなど、活動の面白さを使って参加を促し、問いにつなげる。
- ➡ 立ち歩いて交流するなど、公に身体を動かせる活動を取り入れ、集中をリセットできる機会をつくる。
- ★ 本時では、「３Ｒの『心がけの順番』」について予想した後、立ち歩いて話し合う」活動を取り入れる。
- ➡ １時間をモジュール化し、集中が途切れてしまっても、再度参加し、仕切り直せる機会をつくる。

本時の展開と技法（第6時）

本時のねらい

3R[1]についての意味や実態を調べて比較し、その優先順位を考えることを通して、「自分たちにできること」の価値に気付けるようにする。

第6時の展開

❶ 前時の学習をふりかえる

前時で「資源ごみの処理のしくみ（リサイクル）」を学習した子どもたち。まずは、「復習だよ。リサイクルってこういうことだったよね？」と、一組の絵とテキストを提示する。すると、「うんうん」とうなずく子どもと、「あれ？少し違うような……？」という子どもが出てくる。子どもたちは、「リサイク

一度使ったものを
もう一度使うこと。

一般社団法人　産業環境管理協会
資源・リサイクル促進センター
「小学生のための環境リサイクル学習ホームページ」より
http://www.cjc.or.jp/j-school/b/b-1-1.html

---

1 従来の3RにRefuse(断る)という取り組みを入れた「4R」という考え方も示されているが、今回は「Refuse(断る)はReduceの具体的な方法の中の1つ」という捉え方をしている。

Point　ダウトを入れる

　「違いに気付ける」ということは、既有知識を基に目の前の情報を考えられているということである。「問われて答える」形式だと受け身になるが、自然と子どもが既有知識にアクセスできるような場面も取り入れ、主体性を引き出したい。

ル」の「再利用」という面にはよく目を向けているが、「一度原料に戻している」という面には案外目を向けていないものである。気付いた子どものつぶやきを拾い、「何が違うと思ったの？」というやり取りを通して、「一度原料に戻している」観点を引き出し、共有する。

❷ 3Rという取組について調べる

　「実は、リサイクルの他にも似た言葉の取組があるんだ。その言葉と意味の組み合わせがこんがらがっちゃった」と、「リユース」「リデュース」の絵とテキストを教師が提示し、「教科書（資料）で調べて、正しく組み合わせてくれないかな？」と投げかける。

　調べた後は、全体で確認する。その際「例えばどんなこと？」「みんなも何かしている？　ペアで聞き合ってみよう」などと問い返し、ずっと聞き役にはさせない。「お姉ちゃんのお古をもらって着てるよ（リユース）」「うちはエコバッグを持って行って、レジ袋をもらわないようにしているよ（リデュース）」「うちはしていないなあ……」など、具体的で身近な例をペアで話させ、板書にも残しながら、3Rの取組について確認する。

Point　立場を決め、自由に立ち歩いて交流する

　他者の意見を聞くことは、多面的・多角的に考えるためのよい材料になる。「短時間で多くの情報を交流できる」「修正が容易」などの音声言語のメリットを生かし、決め直しながら学びを深められる機会を保障する。

4年生　ごみはどこへ　　81

❸ 3Rの『心がけの順番』について予想する

「ごみを減らし、環境を守るために、3Rはどれも大切な取組なんだね」としっかりと押さえる。ここで、「全部大切なんだけど、3Rの心がけには順番があります。どんな順番だと思いますか？」と問い、予想を促す。「ひとまず自分の予想をノートに書けたら席を立って、色んな友だちと相談していくこと」「相談する中で、理由を書けそうならノートに書いておくこと」「話し合う中で、もちろん考えが変わってもいいこと」を伝え、子どもたちに委ねる。

> **Point** 活動・指示をシンプルにする【焦点化】
>
> 順位を付けるというシンプルな活動・指示だが、頭の中では多様な情報を比較し、判断していることになる。「何に価値を置くべきか」という焦点化された問いが子どもたちの中に自然に生まれ、それが本時のねらいに迫る方向性となる。

あちこちで子どもたちが話しているのを聞くと、「やっぱりリサイクルが1番でしょ？次は●●かな？」「でもリサイクルって、工場でしかできないよ……？」「リデュースとかリユースって、誰でもできるでしょ？　だから……」「リユースは、できないものもあるから、1番じゃないのかも……」など、多角的に捉え、考えを決め直したり、根拠を確かなものにしたりする姿が見られる。

ここで教師は、学びを促進するファシリテーターとして振る舞う。異なる視点で考えている子ども同士をつなぐために「○○さんと話しておいで？」と声をかけたり、「なるほど、面白い所に目をつけたね」と周りに聞こえるような声で注目を集めたりするなど、考えを見取ったうえで子どもたちがつながるよう、コーディネートする。また、この幅のある活動時間を生かし、理解がゆっくりな子どもと対話しながら考えを引き出したり、参加しづらそうにしている子どもを支援したりすることも大切になる。

④ 資料で『心がけの順番』を確かめ、その理由を考える

予想を自由に交流した後、資料を示し、確かめる。そして、「なぜ、この順番なのでしょう？」と理由を問う。子どもたちにとっては、３Ｒの取組の特徴や、先ほどの交流で掴んだ発想が考える足場となる。「リデュースはわたしたちでもできるし、はじめからごみになるものを減らせば、最

| **３Ｒの心がけの順番** |
| 1　リデュース |
| 2　リユース |
| 3　リサイクル |

後に出るごみの量も減るから１番」「リユースは、できないものもあるけど、手間をかけずにできるから、リサイクルより先にした方がいい」「リサイクルには手間がかかるから、はじめから当てにしないようにする」などの考えを価値付け、共有する。

⑤ ふりかえり、次につなげる

「自分たちの生活から出ていくごみ」は、社会科の中でも数少ない「子どもたちが直接関わることができる」事象である。「自分たちにもできることがある」という気付きを価値付け、社会参画への基礎を育てたい。「自分たちができることについて、具体的に考えよう」という次時の問いを共有し、授業を終える。

4年生　ごみはどこへ　　83

4年生

地震にそなえるまちづくり

単元のねらい

　自然災害から人々を守る活動について、過去に発生した兵庫県の自然災害や関係機関の取組などに着目して、兵庫県の関係機関や人々は、自然災害に対し、協力して対処してきたことや様々な備えをしていることを理解できるようにする。

単元で成長させたい社会的な見方・考え方の例

多面化	防災について自助（自分の身は自分で守る）についてしか捉えていなかった子どもが ➡共助（地域で助け合う）や公助（市や県、国などによる助け）、互助（他地域との助け合い）の面についても捉えることができる。
多角化	災害発生時の対応について、「誰かに守ってもらえる」という市民の立場からのみ捉えていた子どもが ➡「市民の命を救おう」と考え動いている行政の立場からも捉えることができる。
一般化	火事への対処や事故の防止は、市、消防、警察、市民などの関係機関が連携・協力することで行っていると捉えていた子どもが ➡自然災害に対する防災活動においても、市、消防、警察、市民などの関係機関が協力・連携していることを捉えることができる。

具体化	学校の防災活動について、避難訓練しか例を挙げられなかった子どもが ➡非常食の備蓄、避難場所としての役割なども例にしながら説明することができる。

単元展開　地震に備えるまちづくり

時間	問い
1	兵庫県ではどのような自然災害が起きていたのだろう？ ➡阪神淡路大震災では、どのような被害が起こったのだろう？
2	もし今大地震が起きたとしたら、どのくらいの被害が出るのだろう？ ➡地震からくらしを守るために、だれが、どのような取組をしているのだろう？
3	家庭では、どのような取組をしているのだろう？ ➡なぜ、防災リュックは地震の前後に分けて準備するのだろう？
4	学校や通学路では、どのような取組をしているのだろう？ ➡なぜ、家庭の備えと学校の備えには違いがあるのだろう？
5	市役所では、どのような取組をしているのだろう？ ➡なぜ、市や県、国は連携して取り組むのだろう？
6	市と住民は、どのような取組をしているのだろう？ ➡なぜ、地域の住民も協力する必要があるのだろう？
7	地域では、どのような取組をしているのだろう？ ➡なぜ、お祭りやイベントが地域での防災活動になるのだろう？
8	地震からくらしを守るための取組をまとめよう。

4年生　地震に備えるまちづくり　85

単元展開のポイント

●見えることから見えにくいことへ

　子どもは日頃の防災活動（避難訓練等）を経験しているので、地震への備えについて知っている。しかし、それは主に顕著な「見えること」である。関係機関同士の連携や日頃の備えの意味といった「見えにくいこと」につなげるためには、身近に見えていることを足場にしながら徐々に単元展開を広げていく必要がある。

●自分に引き寄せて考える

　知識を生かし、災害時に役立てることが重要である。そのためには、「自分ならどうするか」「自分には何ができるか」といった選択・判断する発問や自分の体験と結び付けるような資料提示を、意図的・計画的に行う必要がある。

「単元の問い」を立てる授業（第2時）

❶ 資料と既有の知識を結び付けて、地震について知る

　第1時で阪神・淡路大震災の様子と被害の大きさについて学んでおき、地震がいかに恐ろしいものか認識させておく。本時では、まず下の資料を提示する。

大震災における犠牲者の死因割合

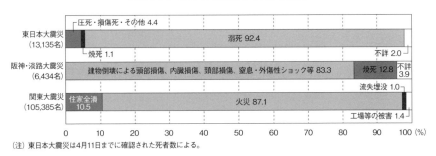

出典：国土交通省「平成22年度国土交通白書」

資料を提示する際は、震災名にブラインドをかけ、伏せておく。基本情報（表題、出典、縦軸、横軸）を押さえてから、「阪神・淡路大震災を表したグラフはどれでしょう？」と問う。すると、子どもは言われなくても阪神・淡路大震災を軸に、他と比較したり、数値を詳しく読み取ったりする。

ブラインドを外し、グラフから言えそうなことや気になったことを聞く。「東日本大震災での死因に溺死が多いのは、津波が起こったからだ」「関東大震災では木造建築物が多いから、火災で亡くなった人が多いのかな」「阪神・淡路大震災では倒壊による死因が多いけど、東日本大震災での割合は減っている」など、被害は地震の規模だけなく、場所や建築物の強度など様々な要因が絡んでいることに気付かせる。

❷ 「単元の問い」を立てる

「もし、今、阪神淡路大震災と同じ規模の地震がきたら、当時と比べてどちらの被害のほうが大きくなると思う？」と問う。子どもは、これまでの経験を駆使して予想をもつ。「様々な取組をしているから、現在のほうが小さくなる」と答える子が多いだろう。「どんな取組を知っているの？」「なんでそう思った？」という発問によって、予想の具体や根拠を出させる。そして、「本当にそうかな？」「もう少し詳しく言えるかな」「他にはないかなあ」「誰がしているの？」と揺さぶり、知識の曖昧さを自覚させる。そのような子どもとの対話を通じて、「実際はどうなっているのだろう？」という意識をもたせた上で、「地震の被害を小さくするために、地震からくらしを守るために、だれが、どのような取組をしているのだろう？」という単元の問いを立てる。

❸ 予想を分類し、調べる計画（学習計画）を立てる

まずは、1人で考える。ノートにできるだけたくさん予想を書かせ、自分の考えを確定させる。「家では家具が倒れないよう固定している」「学校では避難訓練をしている」「堤防を建設する」などの予想が出る。自分が立てた予想は、確かめたくなる。予想を丁寧にさせることが、主体的な学びへつながる。

次に、予想を出し合い、分類する。「家庭」「学校」「市」「地域」に分類する。「自分がノートに書いた中で、1番大切だと思うのはどれですか」と聞く。1

4年生　地震に備えるまちづくり　87

番を選ぶという活動は、自分の考えを見直すという思考を働かせる。

全ての意見を黒板に出し、みんなで話し合って分類させる。しかし、子どもの実態によっては、体を動かし、グループを作ってから分類したほうがスムーズにいく場合もある。「ノートを見せ合って、自分の考えと似ている人を探しましょう。見つけたら、理由や知っていることを伝え合いましょう」と指示する。自分の考えと似た人を探すという活動は、「比較」という考え方を働かせている。困難さをもつ子にとって、自分と他者を「比べる」と考えやすい。教師が出してほしい意見がなさそうなときは、子どもが話し合っている中にそっと入って、「この間、地域でも何かしてたよね。何て言うんだっけ」と既習内容を想起させたり、「(ノートを見て) この意見いいなあ。まだ、誰も気付いてないよ。ぜひ、全体でも出してね」等と価値付けたりして、共感してくれる子どもの経験の中から、出させたい防災活動を自覚させ、表出させる。

仲間が見つかり、グループができたところで意見をホワイトボードや画用紙などに書かせ集約し、黒板に出させる。さらに、出た意見を比べたり、関係付けたりしながら、学習のまとまりをつくる。

最後に、「どれが調べやすいですか」「次に調べやすいのはどれですか」と、学習しやすい順番を聞くことで、学習計画（単元計画）を一緒につくっていく。調べるのが難しそうなものについては、個人での追究活動や「校外学習で聞いてみよう」としてもよい。

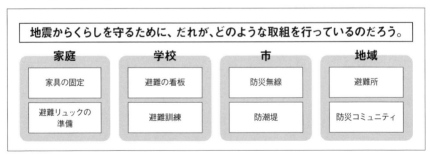

難しさを感じている子どもへの手だて

● 発言は活発であるが、文脈に沿った発言が苦手なAさん

→ 1時間の学習活動の流れを、「つかむ」→「予想する」→「調べる」→「話し合う」→「まとめる」に固定化し、学習の見通しがもてるようにする。
→ 全体で話し合う前に、ペアトークやグループトークを入れることで、話題の中心を確認できるようにする。
★ 本時では、ブラインドやおかしいところ探しをすることで、興味関心を高め、今、どこを話し合っているか、意識できるようにする。

● 授業に参加はできるが、確かな理解に至らないBさん

→ ねらいや授業展開の焦点化したり、資料を加工したりして、余計な情報を与えて混乱させたり誤学習に陥ったりしないようにする。
→ 自力解決だけに頼らず、ペア学習やグループ学習などの協働で解決する場面をデザインする。
★ 本時では、資料を読み取る際、ペアやグループでの学習の様子を見取っておき、状況によっては指さしや読み聞かせなどの支援を行う。
→ 文字情報や聴覚情報だけでなく、写真やイラストといった視覚に訴える資料を用いる。

4年生　地震に備えるまちづくり

本時の展開と技法（第7時）

本時のねらい

防災福祉コミュニティについて調べることを通して、共助の大切さや防災コミュニティの働きについて理解できるようにする。

第7時の展開

❶ 阪神・淡路大震災の写真を見て、救助の難しさを知る

「何が見えますか？」と発問すると、

 大きな炎が見える

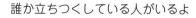 誰か立ちつくしている人がいるよ

 服装から考えて、消防士さんかな

手には消防ホースを持っているよ

あれ、どうして、消火しないんだろう

などとつぶやくだろう。子どもは、これまでの学習を通して、消防の働きや関係機関が連携して防災活動を行っていることを知っている。そのような既習事項が前提にあるからこそ、認知と事実の間でズレが生じ、子どもの中に疑問が生まれる。そんな子どもの中に生まれた疑問を広げる。「阪神・淡路大震災の様子です。なぜ、消防士は、目の前で火事が起こっているにも関わらず、消火活動を行わないのですか？」と問う。子どもは、阪神・淡路大震災の被害を想起し、発言する。「道がふさがれているから消防自動車が入れないのかな」「火の手がまわりすぎて、あきらめてしまったのかな」「水が出ないのかな」。

教師が事実を伝える。「阪神・淡路大震災では、道やライフラインが寸断されてしまいました。そのことによって、消防だけでなく、警察も自衛隊もすぐには、救助に行けなかったり、救助ができなかったりしたそうです」。

❷ 資料をもとに、「本時の問い」を立てる

「すぐに助けがこないかもしれない」という事実を知り、子どもは、不安でいっぱいである。そこで、資料を提示し発問する。「阪神・淡路大震災では、多くの人が家屋の倒壊によって亡くなりました。しかし、生き埋めや閉じ込められた時に助けられた人がいます」

生きうめや閉じこめられた時に
助けられた人たちの割合

4年生　地震に備えるまちづくり　91

> **P**oint **ブラインドによる視覚化**
>
> 　注目させたい情報を隠す。文脈に沿った話合いが苦手なAさんにとって、話合いの焦点化がなされるので、話題から逸れにくくなる。隠された情報は知りたくなる。よって、自然な予想や気付きが生まれる。

　少し間をとり、簡単な予想を浮かばせてからブラインドを外す。「自力で助かった人が30％。そして、約60％の人が、近所や友達、家族などに助けてもらいました。つまり、90％以上の人が自助か共助によって命を救われました」。

　子どもたちの頭の中では、共助の大切さが認識されるだろう。共助に目が向いたところで、「地域では、どのような取組をしているのだろう」という「本時の問い」を立てる。

❸ 「防災福祉コミュニティ」の意味を考える

　ここで、第1時のノートに書きだした予想が生きてくる。「おじいちゃんが地域の行事で、バケツリレーで水を運んだって言っていたよ」「この地域では、公民館が避難所になるんだって」

　子どもから、「防災福祉コミュニティ」が出てくればよいが、それは難しい。そこで、子どもの説明に付け加える形で、「神戸市では、震災後、小学校区を中心に、地域が1つにまとまって、地域の安全・安心を守ろうという活動が始まりました。『防災福祉コミュニティ』です。いざというとき、中心になるのはここです。普段行われる地域での防災活動もここが中心となって行います」と伝える。

　そして、次の資料を提示する。すると、「七夕かざりがおかしい」「夏祭りは防災と関係ないと思います」と言う子どもがいるだろう。この子どもの違和感を基に、「なぜ、お祭りやイベントが地域での防災活動になるのだろう」について話し合っていく。

防災福祉コミュニティの活動例

応急手当講習

安全マップづくり

七夕かざり

夏祭り

❹ 防災福祉コミュニティの活動の意味を話し合う

　子どもは次のように発言する。「だって、仲がいいと、いざというときに助け合えるよ」「お互いのことを知っていたら、声がかけやすいね」「相手の生活を知っていたら、どこにいるか分かる」。

　しかし、ここでとどめるのではなく、「なぜ、仲良くなることが、防災活動につながるのですか」と問う。子どもの発言はより具体的になる。「仲がよかったら、名前を呼ぶことができる」「家族との連絡がつきやすい」「もし行方が分からなくなったときの捜索が早くなる」。

❺ まとめを書く

　最後にまとめを書く。例えば「防災福祉コミュニティは、夏祭りなどふれあい活動をしている。防災福祉コミュニティがあることで、災害が発生した時、お互いに助け合える」。

　このまとめでも十分だが、本単元では、獲得した知識を実践に結び付けることも大切なので、学習の内容のまとめに続けて「地域の人とつながるために、自分ができそうなこと」を各自で書き加えるのもよい。

4年生　地震に備えるまちづくり

4年生

わたしたちの県のまちづくり

単元のねらい

　県内の特色ある地域について、位置や自然環境、人々の活動や産業の歴史的背景、人々の協力関係などに着目して、自分たちの住んでいるまちと比較しながら、特色ある地域では、人々が協力し、特色あるまちづくりや観光などの産業の発展に努めていることを理解できるようにする。

単元で成長させたい社会的な見方・考え方の例

多面化	県内の特色ある地域について、自然条件や交通の面でしか捉えていなかった子どもが ➡まちづくりを伝統的な地場産業や観光業、伝統的な文化、国際交流などの面からも捉えることができる。
多角化	県内の特色ある地域について、暮らす（住民）側、訪れる（観光客）側の立場からのみ捉えていた子どもが ➡特色ある地域のまちづくりをすすめる立場として、県や市の職員、特色を守る職人や地域住民などの立場からも捉えることができる。
一般化	県内の特色ある地域について、景観、文化、技術を守ることや、産業や観光業の発展だと捉えていた子どもが ➡単元で扱った地域の特色から自分が住んでいる市の特色を捉え直し、世界遺産や伝統的な産業が見受けられない地域でも、人々の活動で特色あるまちづくりが行われていることを捉えることができる。
具体化	県内の特色ある地域について、「自然を守り続ける」「交通網を発達させる」でしか例を挙げられなかった子どもが ➡「景観、文化、技術を守ることや継承すること」や「産業や観光業を発展させること」なども例にしながら説明することができる。

94

単元展開　わたしたちの県のまちづくり

時間	問い
1	川西市（兵庫県）にはどのような特色があっただろうか？ ➡兵庫県にはどのような特色のある地域があるのだろう？
2	丹波立杭焼きは、どのようにして高い人気を得ることができたのだろう？
3 4	丹波立杭焼きはどのようなところで、どのようにして作られているのだろう？ ➡なぜ今田町で作っているのか？ ➡なぜこの作り方をしているのか？
5	丹波立杭焼きはどのような人が作っているのだろう？ ➡なぜIさん（平成生まれの窯元）は、後を継いだのだろうか？
6	丹波立杭焼きをだれが、どのようにPRしているのだろう？ ➡なぜPRに力を入れているのだろうか？
7	↓ 丹波篠山市の特色を生かしたまちづくりをまとめよう
8	姫路城は、どのようにして400年もの間、良好な状態で保れてきたのだろう？
9 10	世界遺産である姫路城は、どのような人々が支えてきたのだろう？ ➡姫路城は姫路市の人々にとってどのような存在だったのだろう？
11 12	世界遺産登録後に観光客が減少した姫路城を、誰にどのようにしてPRしているのだろう？ ➡なぜ外国人に向けてPRしているのだろう？ ➡なぜボランティア活動が活発なのだろう？
13	世界文化遺産である姫路城の特徴をまとめよう
14	↓ 姫路市の特色を生かしたまちづくりをまとめよう
15	神戸市の港はどのようにして世界中の地域とつながっているのだろう？
16	神戸市の港は、どれだけの地域とつながっているのだろう？ ➡なぜそれほど多くの地域とつながっているのだろう？
17	神戸市と外国のまちはどのような関係があるのだろう？ ➡姉妹都市を結ぶよさはなんだろう？
18	神戸市に暮らす外国人を支えているのはどんな人だろう？ ➡支えている人はどのような思いをもっているのだろう？
19	↓ 神戸市の特色を生かしたまちづくりをまとめよう
20	特色ある地域のまちづくりとは、どのようなものだろう？ ➡特色ある地域のまちづくりは違うことばかりなのか？ ➡特色ある地域のまちづくりで同じところはどこか？
21 22	川西市とほかの地域の特色を比較しよう ➡どこが川西市と似ているのだろう？ ➡川西市にしかない特色はどこだろう？
23	川西市の特色をだれが、どのようにPRしているのだろう？ ➡川西市の特色をPRする人の工夫や努力は、ほかの地域と似ていると言えるのだろうか？
24	川西市は特色ある地域と言えるのだろうか？ ↓ ➡「特色のない地域」はあるのだろうか？

4年生　わたしたちの県のまちづくり　95

┃単元展開のポイント

◉比較を多く用いる単元展開……比較の効果を意識する

　本単元は特色ある地域を扱うが、それらは子どもにとって未知である。そのため、①子どもの比較の土台が揃う、②各地域の特色（伝統的な地場産業など）が際立つ、という二つの効果を得る比較の思考は本単元で有効である。また、比較の土台を揃えるために、３年生で既習事項である川西市（子どもの住むまち）を比較元に用いる。

◉この単元で用いる比較の具体例

① 「川西市（既習）と丹波篠山市（未習）」
② 「川西市（既習）と姫路市（未習）」
③ 「川西市（既習）と神戸市（未習）」
④ 「川西市と丹波篠山市と姫路市と神戸市」
⑤ 「川西市（単元前）と川西市（単元終わり）とほかの地域」

　この五つの比較の思考のスパイラルを繰り返す。

◉比較のねらいを明確に持つ

　①は「伝統的な技術を生かした地場産業」。②は「地域の資源の保護・活用」。③は「国際交流」。④は「特色は違うが共通する人々の思いや工夫」。⑤は「学習の活用と一般化」を際立たせるねらいがある。

「単元の問い」を立てる授業（第２時）

❶ 資料を見て「単元の問い」を立てる

　子どもたちの住む川西市は都市化も進み、３年生時には市内の特色をある程度押さえている。写真１を提示し、「どこですか？」と問うと、全員が川西市と答えられる。その後に「これは兵庫県の丹波篠山市の様子です」と言って写

真2を提示する。ここでは教師が何も言わなくても子どもたちが口々につぶやくことが予想される。その内容は川西市と比較した自然の様子や人々の生活の予想であるはずだが、その他の条件面は見えないことが多く、本質的な予想や問いは沸きにくい。

写真1

そこで「このまちにはあるイベントがあります。2日間で何人くらいが集まると思いますか？」と問うた後に、その人数を提示する。この際、徐々に数字をオープンにしていくことで、子どもの興味や関心を高める。

写真2

丹波篠山市でおこなわれる、あるイベントに参加する人数
「〇〇まつり」

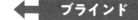 約120,000人

子どもたちは川西市の人口が約15万人だということが既習事項であるため、驚きを感じる。「なぜ、これだけ多い人数が集まるのだろう。きっと何かあるに違いない！」と、自然と地域の特色に意識が向く。

ここで「人が集まるということは人気があるということですね」と確認し、陶器まつりの主役が丹波立杭焼きだと明かしてから、「丹波立杭焼きは、どのようにして高い人気を得ることができたのだろう？」という「単元の問い」を立てる。

❷ 資料から丹波立杭焼きの人気の理由を予想する

実際の丹波立杭焼きの写真を見せる。そして、予想のキーとなる「手作り」であることを伝える。

丹波立杭焼きは、どのようにして高い人気を得ることができたのでしょうか。ちなみに、この丹波立杭焼きは手作りです。

〈子どもたちの反応〉

「手作り！？機械じゃないなら、誰が作っているんだろう」

「職人さんが作っているのかな」

「作り方に秘密があるかもしれない」

「特別な作り方をしているんだよ」

さらに、既に出ている写真2から「山が多い場所で作っているのにも理由があるかも。手作りだから材料とか……」のような意見も出てくるであろう。ペア活動も十分に取りながら、一人一人が資料に向き合い、予想できるようにする。おそらく「場所」「作り方」「作り手」に関係するものは子どもから出てくる。

❸ 予想を分類し、再考した後に学習計画を立てる

この時点での予想の分類では「単元の問い」の解決に向けて不十分であることも考えられる。

出た予想を分類し、必要に応じて教師から、

「これだけの秘密があれば、12万人も集められるのですね」

と集客に思考が焦点化される問いかけをして、予想の不十分感を引き出す。

最終的に「場所」「作り方」「作り手」「PR」と分類されて学習計画が立つ。これらの視点は他の地域にも活用できる。

丹波立杭焼きはどのようにして、高い人気を得ることができたのだろう

作っている人	作り方	
しょく人さんが作っている / 特別な技を使える人が作っている	特別な作り方がある / 他とはちがう作り方をしている	12万人集まる!? → たくさんの人に知ってもらえるようにしている

作っている場所			PRの工夫・方法
この場所でしか作れない	この場所で取れるものが関係する	特別な材料で作っている	

難しさを感じている子どもへの手だて

◉物事を関連付ける力の弱さや定着の不安定さがあるため、教科全般で学力低位であるAさん

→授業中のルールを明確にし、特にノート・教科書・資料集などの見返しを推奨することで不安感を取り除く。

→授業開始時にペアトークから始めることで、友だちとの関わりの中でAさんの学習意欲を保ち、社会科の世界の入り口に立てるようにする。

★本時では①の活動によって、既習事項を想起してから学びに入ることができるようにする。

→1時間の板書を子どものノート見開き2ページ分とし、5分割した各場所に入る内容を固定化することで、本時で分かったことを視覚的に捉えやすくし、前時や単元のふりかえりもスムーズにできるようにする。(左図)

◉言いたい欲求は強いが、言葉の羅列による表現・長文による表現・内容の散った表現になるBさん

→ペア活動やグループ交流など、相手意識をもった活動を多く取り入れる。その中でヒントを出したり、少しずつ話したりと、短く段階的に友だちに話すことで、考えや学びを友だちと共有できるようにする。

★本時では②の活動でベン図を用いることで、比較元と比較対象を明確にして、「どこが似ている」という視点で話す意識をもたせる。

4年生 わたしたちの県のまちづくり

本時の展開と技法（第20時）

本時のねらい

　既習事項の三つの地域の共通点を比較しながら話し合うことを通して、どの地域でも特色を生かしたまちづくりをするために、人々の取組や工夫が欠かせないことを理解できるようにする。

第20時の展開

❶ それぞれの地域の特色をふりかえる

　本時では特色ある地域のまちづくりについてまとめていく。そこで、ここまで扱った3つの地域のそれぞれのまとめのノート（第7・14・19時）を参考にして、それぞれの特色を再確認する。
「丹波篠山市の特色はなんでしたか」
「姫路市の特色はなんでしたか」
「神戸市の特色はなんでしたか」

> **Ｐoint　ペア学習で各地域の特色をふりかえる　【共有化】**
> 　理解や定着がゆっくりである子どもも、ノートとペア学習によって、既習事項を想起してから学習に臨める。概念的知識に関わる部分なので、全員の土台を揃えてスタートしたい。

　丹波立杭焼き、姫路城、国際交流といった特色が、ノートにより、ここでは各地域の特色や違いが顕著に感じられる。子どもたちにとっては「見えること」と言っていいだろう。

丹波篠山市のまとめ

　丹波篠山市は、伝統的な技術を生かした丹波立杭焼きを生かしたまちづくりをしている。豊かな自然条件を生かし、技術を受け継ぐ人々もいる。伝統を大切に思う人々が協力して、県外にもPRしている。

姫路市のまとめ

　姫路市は世界文化遺産である姫路城を生かしたまちづくりをしている。姫路城の歴史や伝統を大切に思う人々の協力によって守られ、今もボランティアなどによって支えられている。観光にも生かされ広くPRされている。

神戸市のまとめ

　神戸市は、港や空港を生かした国際交流をさかんに行ってまちづくりをしている。他の地域と協力しながら技術や文化を交流し、時には環境保全にも役立てており、国際交流を支える人々の努力や工夫で成り立っている。

❷ 三つの地域の共通点を考える

　ここで「見えること」から「見えないこと」へ子どもの思考を誘う。

　「三つの地域のまちづくりは、全て違うことばかりなのですね」と発問で揺さぶる。すると、勘のいい子ども、すなわち何となく社会的事象の関連性が見えている子どもは「違う」と反応するだろう。その子どもの意見を一つだけ拾い（例えば「昔からあるものを大切にしている」など）、「三つの地域は、もちろん別々の特色をもっているのですが、似ている、または同じようなところもあるようですね。どこがそうであるかを、ベン図に整理して考えましょう」と促し、ペア活動で一つのベン図を完成させていく。

Ｐoint　①の活動からベン図を用いる　【スモールステップ化】

　①の活動から子どもの手元にベン図を用意すると、②の活動のハードルが下がる。子どもの学びが可視化され、ペア活動の際に自分の意見の根拠となり、自信をもって表現できるからだ。クラスの実態や難しさを感じている子どもに合わせたスモールステップも想定しておく。

---

❸ 三つのベン図を再構成して、地域の共通点を見つける

　子どもの声をもとに二つの市が重なる部分、三つの市が重なる部分、重ならない部分を黒板にまとめていく。

4年生　わたしたちの県のまちづくり　101

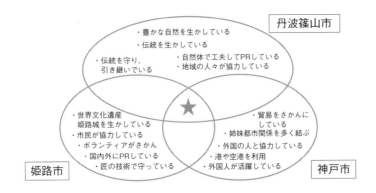

重なる部分（★）として、次のような声が子どもから出ればよい。

地域の人々や行政の人々が協力して特色を生かしたまちづくりに取り組んでいる

特色を生かしたり、PRしたり、観光に力を入れたりしている

昔からの伝統を守ったり、引き継ごうとしたりしている

歴史（伝統・自然など）を生かしている

長所を生かして、オリジナリティを出している

Point 思考の見える化をベン図でおこなう 【視覚化・共有化】

本時においてベン図を扱うよさは以下の三点である。
① 三つの地域について、個人の多様な捉えを可視化できる。
② 黒板などの全体で共有するベン図には、子どもの意見を短冊に書かせる。そうすることで簡単に操作ができ、学びの更新が即時的に行えて、共有もできる。
③ 共通点を意識させる比較についてはベン図が有効であり、本時はまさに比較から共通点を見いだすことがねらいである。

❹ 特色ある地域のまちづくりについて、ふりかえりを書く

　最後に、特色あるまちづくりについてのふりかえりを書かせる。「三つの地域の特色は違うが、どの地域も〜。例えば〜。私は〜」とリード文を示す。一文目は大きな捉えを、二文目は具体例を、三文目は自身の思いを書くステップを踏むと、ふりかえりのハードルが下がる。

❺ 次時への見通しをもつ

> では、川西市には特色はないのですか？
> 川西市は特色を生かしたまちづくりをしていないのですか？

　と問い、川西市の特色や、特色を生かしたまちづくりをしている人々に焦点化し、既習の川西市を捉え直す意識を芽生えさせる。

> **Point　「見えること」から「見えないこと」で本時と本時をつなぐ【スパイラル化】**
>
> 　本時内でも「見えること」から「見えないこと」へと学習を展開している。本時の最初に見えなかったこと（三つの地域の共通点）が本時の最後に「見えること」となり、学びとなるのだ。
> 　しかし、この「見えたこと」が次時の川西市との関連性となると、また「見えないこと」へつながる。学んで「見えたこと」が、次の学びに向かうための原動力や考える材料となり、このスパイラルが本時同士をつなぐ学びの接着剤となる。

5年生

米づくりのさかんな地域

単元のねらい

　米づくりのさかんな地域について、自然条件を生かして営まれていることや、国民の食料を確保する重要な役割を果たしていることと共に、米づくりに関わる人々は生産性や品質を高めるよう努力したり輸送方法や販売方法を工夫したりして、良質な食料を消費地に届けるようにしていることに着目して、理解できるようにする。

単元で成長させたい社会的な見方・考え方の例

多面化	農産物の消費者として、味や価格にしか興味をもって関われなかった子どもが ➡農産物の地形や気候などの自然条件との関わり、生産工程の工夫、生産者の協力関係、生産技術の向上が私たちの食生活と大きく関わっていることにも気付くことができる。
多角化	米づくりのイメージを自分の生活経験だけで捉えていた子どもが ➡生産者や農業協同組合の方々の努力や工夫を知ることで、生産者や農業協同組合の方々の立場からも捉えることができる。 ➡都市部と農村部、温暖な地域と寒冷な地域など生活条件のちがいを基に、自分とは違った消費者の立場からも捉えることができる。
一般化	寒い土地にくらす人々の自然条件や社会条件を生かした取組、努力や工夫を学習してきた子どもが ➡米づくりと自然条件、農産物の輸送と社会条件、生産者の努力や工夫など、前単元までの学習活動を通じて獲得してきた知識や概念と本単元で学習する知識や概念を関連付けることができ、これからの学習にも汎用できる概念を獲得することができる。

具体化	米づくりに関わる自然条件として気候が関係しているとしか例を挙げられなかった子どもが ➡寒暖差、日照時間、季節風、その土地の地形などが深く関わっていることを理解し、それらの言葉を使って説明することができる。

単元展開　米づくりのさかんな地域

時間	問い
1	米づくりについて知りたいこと調べてみたいことを話し合おう。
2	米はどのようにして生産され、私たちの所に届いているのか？
3	米づくりと自然条件はどのように関わっているのか？ ➡なぜ、米づくりがさかんな地域の南東側に山地・山脈があるのか？
4	米を作る生産者は、どのような努力や工夫をしているのか？ ➡米づくりの工程のどの部分にどのような工夫があるのか？
5	米を作る生産者は、どのような努力や工夫をしているのか？ ➡なぜ生産者はそこまでして努力や工夫をしているのか？
6	地域や農業協同組合の役割はどのようなものか？ ➡なぜ農業協同組合が必要なのか？
7	地域や農業協同組合の役割はどのようなものか？ ➡どのような働きをしているのか？
8	地域や農業協同組合の役割はどのようなものか？ ➡なぜ農業試験場では様々な実験をしたり、新たな取組を試したりするのか？
9	米はどのようにして私たちのもとにやってくるのか？ ➡なぜ、産地を記載したり、生産者の情報を伝えたりしているのか？
10	農業のかかえる問題を解決するためにどのような取組がなされているのか？
11	農業のかかえる問題にはどのようなものがあるのか？ ➡生産調整や後継者不足の問題をどのようにして解決していけばよいのか？
12	これからの米づくりを考える上で、AIやICTをどのように活用すればいいのか？ ➡スマート農業の取組はこれからの米づくりに有効か？

5年生　米づくりのさかんな地域　105

単元展開のポイント

●子どもたちの学びに向かう主体的な働きかけを大切にする

　授業では、課題解決に向けた子どもたちの様々な学習活動があり、子どもたちの活動から、興味・関心、思考の流れ、困っていることなどを見とる。本単元の導入の場面では子どもたちが興味・関心をもちやすく、どの子も授業に参加できるように、普段よく目にしている小学校の給食メニューを使って「問い」を生み出す活動をする。そして、そういった学習活動を通じてもたらされた疑問や解決したい問いを基にその時の子どもたちの単元計画をつくっていく。

　教師は、子どもたちがつくった単元の課題を解決できるよう、ねらいを焦点化して教材を提示する。その際、子どもたちが意欲的に参加できるような教材を準備するだけでなく、単元で成長させたい社会的な見方・考え方と関連させて教材を準備することを意識する。発問によって教材のどこの部分に焦点化するのかを明確にしていく。それでも、単元を進めていくと教師の見取りのままに展開しない場合もある。学習活動が機能しない時は、教師自身の子どもの実態に対する読みが浅かったか、教材の工夫や仕掛けが甘かったと分析・反省し、単元計画をマイナーチェンジすることが大切である。決して教師が主導となって単元計画通りに子どもを誘導してはならない。

「単元の問い」を立てる授業（第1時）

❶ 身近な資料から「問い」を考える

　子どもたちがもつ様々な生活経験は社会科の学習の場面で大きく役立つ。そこで、普段よく目にしている小学校の給食メニューを使って、「問い」を生み出す活動をする。また、給食メニューは子どもたちの生活の中で身近なものというだけなく、同じ資料を使って考えられるため、同じ土俵に立つことができる（「夕食ではどんなものを食べていますか？」といった問いだと子どもたちの生活の差によってまとまらないことがある）。

　給食メニューを配られた子どもたちは、「このメニューが食べたい」とか「こ

の日はこの食材が出るのだな」と口々に話し出す。自然に食材にも目を向け、普段どのような食べ物を食べているのかということや、その種類の多さにも気付いていく。

	7月1日	7月2日
メニュー	御飯　牛乳 ①鯖の味噌煮 ②けんちん汁 ③ひじき煮	黒糖ロールパン　牛乳 ①京野菜いりのパスタ ②キャベツサラダ ③オレンジ
主な材料	①鯖　白味噌 　大根　もやし　ほうれん草 　しめじ　紅ショウガ 　砂糖　じゃがいも 　昆布だし　味噌　醤油 ②豆腐　豚肉　大根　人参 　ごぼう　ねぎ 　昆布だし　醤油　塩　味噌 ③油揚げ　ひじき　人参　枝豆 　ゴマ油　砂糖　赤こんにゃく 　昆布だし　醤油　味噌	①豚肉　玉ねぎ　万願寺とうがらし　大葉 　ズッキーニ　パプリカ　茄子　トマト 　なたね油　砂糖 　スパゲティー　オリーブオイル 　ナポリタンソース 　昆布だし　ケチャップ　塩　砂糖 ②キャベツ　玉ねぎ　人参　きゅうり 　ほうれん草　オリーブオイル　砂糖 　コーン　ノンエッグマヨネーズ 　塩　酢　こしょう ③オレンジ
アレルギー	小麦①②③　大豆①②③	小麦①　大豆①

❷ 視点を焦点化し、「単元の問い」を立てる

　子どもたちが、給食メニューにはどんな食材があるのかを発表する場面では、「にんじんが多い」や「アジフライが出てくる」など、様々な意見が出る。どの子どもにも発言のチャンスがあり、活気付くことでクラス全体が学びに向かうエネルギーが生まれる。しかし、このままだと学びが深まらないので、「単元の問い」を立てるために「毎日食べているものは何か？」と発問する。拡散した視点を焦点化し、単元の学習内容に意識を向けるための発問である。子どもたちは毎日食べているものという視点で資料を見て、それは、米であることに気付く。さらに「全国でどれくらい生産されているのか？」と問うと、教科書や資料集を探し出し、生産量を答える。その数字をイメージさせるために算

5年生　米づくりのさかんな地域　107

数の体積の学習で扱った教室の容積を思い出し、教室約43000個分に米がいっぱいになるということに気付く。数の大きさを実感した子どもたちからは、「すごい！」「そんなにもたくさん！」などというつぶやきがあふれ出てくる。そうやって、子どもたちが「どういうことだろう」「調べたい。追究したい」と意欲が高まったときに「単元の問い」を立てることが大切である。

$$\underset{\text{米の生産量}}{8610000} \div \underset{\text{教室の容積}}{200} = \underset{\text{教室の数}}{43050}$$

❸ 予想を分類し、調べる計画（学習計画）を立てる

　一人一人の「単元の問い」を基に、どのような学習計画にするかについて話し合う。友達と意見を共有することで、様々な視点にまとめられることに気付く。そして、知りたいことや調べたいことをまとめていくこと、学習の順序を整理していくことで学習計画をつくっていく。また、「単元の問い」を考える際には、「いつ」「どこで」「だれが」「どのように」といった問いから学習に入る方が、子どもたちから出てきた疑問との結び付きが強く、自分たちの学習計画になりやすい。

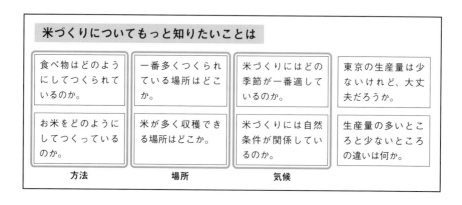

難しさを感じている子どもへの手だて

●集中力が持続しにくく、授業の途中で学習内容が分からなくなり、思考が止まってしまいがちなAさん

- ➡資料を探したり、歩き回ってのペアトークの時間をつくったりすることで、動きながら学習内容を振り返る時間をつくる。
- ★本時では学習問題を解決する際にペアトークの時間を設定し共有化を図ることで、学習内容を確認する機会を設ける。
- ➡友達の考えを繰り返して言ったり、横の友達に話したりする機会をつくる。
- ➡ノートを見返したり、資料を読み取る視点を繰り返し確認したりすることで、今何をしたらいいのかを明確にする。
- ★本時では、導入の場面でノートを見返し、機会があれば発言できるようにする。

●社会科の学習内容を具体的にイメージすることが苦手なため、興味をもって参加できないBさん

- ➡Bさんの生活に即した問いや、スモールステップの問いから授業の導入をすることで、授業の序盤から参加できるようにする。
- ★本時では、導入の場面でノートを見返し、機会があれば発言できるようにする。
- ➡ダウトなどの手法を使って資料を視覚化し、興味がわくようにする。
- ★本時では、学習問題を立てるときにダウトを使う。
- ➡具体的な問いに対する見方を丁寧に確認し、抽象的な問いに対しても見通しがもてるように時間をかけて資料を見る。

5年生　米づくりのさかんな地域

本時の展開と技法（第3時）

本時のねらい

　米づくりがさかんな地域の地形の共通点を見つけることを通して、米づくりと様々な自然条件との関わりに気付くことができるようにする。

第3時の展開

❶ 米づくりのさかんな地域の特徴を確認し、意見を出す。

　子どもたちに「米づくりのさかんな地域はどこだったか」と問う。すると子どもたちは教科書、資料集、地図帳、ノートを使って前時までの学習から手掛かりを探し始める。教科書などは新たな学習をするとき、子どもたちが自分の考えに自信をもつための重要なアイテムとなる。また、自分で調べて見つける楽しさを味わうことや、疑問をすぐに解決できる心地よさを感じることもできる。そのためにも、中学年のうちから、教科書、資料集、地図帳の見方を丁寧に指導し、最終的には、自由自在にそれらを使いこなせる力を身に付けさせたい。前単元の学習で米づくりがさかんな地域は日本列島の北側に多いことや、そこには自然条件が関わっていることを学習しているため、どの子どもにとっても参加しやすい学習活動である。

　全国的に見ても新潟県や北海道は米の生産量が多かったこと、その中でも特に越後平野や石狩平野で米づくりがさかんであったことを確認し、教科書に記載のある庄内平野と併せて地図帳で3つの地域の位置も確認する。また、本時の学習とは直接関係なくても「十勝平野で畑作がさかんであった」というような、比較対象となる意見は取り上げ、子どもたちの課題解決に役立てる（本時では十勝平野の地形を三つの地域とは異なるダウトとして扱う）。

110

❷ 資料を見て気付いたことから、新たな問いを立てる

　米づくりがさかんな三つの地域は地図帳の異なったページにある。そこで、その特徴に子どもたちの視点を向けるように、三つの地域と十勝平野（ダウト）を入れた資料①を提示する。子どもたちは、この時点で、越後平野、石狩平野、庄内平野の近くに河川があり、また、平野の南東側に山地や山脈があることにも気付き、「なぜ、米づくりがさかんな地域の南東側には山地・山脈があるのか？」という問いが立つかもしれない。

　それでも、クラスの子どもの実態によっては、まだ資料のどこを見たらいいのかが分からない子どももいることが想定される。問いが立たない時には、資料に色を付けたり、文字を入れたりした資料②を提示する。そうすることで子どもたちは自ら疑問をもつことができ、問いを立てることができる。

　このように、資料提示の手段は子どもの実態によって異なるが、いずれにせよ、ここで子どもたちと立てたい問いは、「なぜ、米づくりがさかんな地域の南東側には山地・山脈があるのか？」となる。

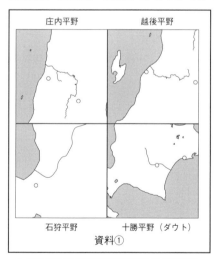

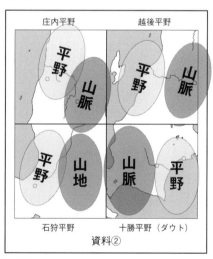

> **Ｐoint　子どもの実態に合わせて資料を提示する【視覚化】【焦点化】**
> 　教材を準備するときには、複数のパターンの資料を準備する。それを授業の中での子どもの理解度や困っていることに合わせて選んで提示する。そのため、資料を準備してもその授業では使わない場合もある。

5年生　米づくりのさかんな地域　111

❸ 平野の南東側には山地・山脈がある理由を考え、交流する

　教科書、資料集、地図帳、ノートを使って個別解決にあたる。その際、どこを調べればよいのか分からず、学習が停滞してしまう子どもがいることも想定されるため、「教科書や資料集、地図帳のどこを見れば分かりますか？」と全体に尋ねるように促し、どこを調べれば解決できるのかを確認する。

　自分で調べることができ、考えをもつことができたらペアトークで考えを共有化する。ここで行うペアトークでは、お互いの考えの違いを認め合いつつ、よりよい考えやより深い考えに到達できるようにする。

> **Ｐoint ペアトークを取り入れる【共有化】**
> 　ここではペアトークを使って共有化する。共有化は、学習が進む中でついていけずに困っている子どもの助けになるだけでなく、理解が進んでいると思われる子どもにとっても自分の考えの確認の場となる。

　その後の全体交流では、資料に根拠を示しながら自分の考えを伝えるようにする。すると一人の子どもが、「季節風について説明しているところを見てください」などと声をかけ、前に出て図を書きながら説明を始める。それを聞いていた他の子どもたちが分かったことを共有したり、質問をしたりしながら全員が問いを解決できるようにする。

〈本時の板書例〉

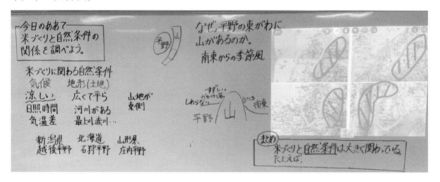

❹ 学習内容をまとめる

　キーワードとなる言葉を穴埋めにし、書き出しだけを書いた状態でまとめを書くようにする。また、今までの学習と関連付けて自分の考えを書いたり、新たに獲得した概念を書いたりするような子どもがいればそれを取り上げて評価する。

Ｐoint くり返しを意識した学習活動をする【スパイラル化】

　資料を見る視点や概念的知識、重要語句、課題の解決方法などは単元の枠を超えて子どもたちが積み上げていきたい見方・考え方につながる。例えば、本時の学習に出てくる「自然条件」は、「寒い土地のくらし」で学習した内容であり、社会的事象を捉える上で大切な概念であり、重要語句となる。教師は社会科を学習する上で大切であり汎用性のある概念や見方・考え方を認識し、子どもたちが実感をもって役立てることができるようにする。そうすれば、それは、多くの子どもたちのその後の学習の支えとなる。

〈難しさを感じているＡさんのまとめ〉
　米づくりと自然条件は大きく関わっている。たとえば、気候や地形、夏の季節風が関わっている。なぜならいろいろなかわいた風があるから。
〈難しさを感じているＢさんのまとめ〉
　米づくりと自然条件は大きく関わっている。たとえば季節風が関わっている。なぜなら、かわいた風がふくから。
〈Ｃさんのまとめ〉
　米づくりと自然条件は大きく関わっている。たとえば、夏の季節風で、気温差と日照時間が関係している。それでいねが病気に強く、丈夫に育つ。

5 年生

自動車をつくる工業

単元のねらい

　製造の工程、工場相互の関係、優れた技術などに着目して、工業生産に関わる人々の工夫や努力を捉え、工業生産に関わる人々は、消費者の需要や社会の変化に対応し、優れた製品を生産するよう様々な工夫や努力をして、工業生産を支えていることを理解できるようにする。

単元で成長させたい社会的な見方・考え方の例

多面化	自動車工場の立地について、海側に多いという自然条件からしか捉えていなかった子どもが ➡働き手の確保のために都市に近いという社会条件からも捉えることができる。
多角化	電気自動車の開発の意義について、環境に優しい車に乗りたい消費者の立場からのみ捉えていた子どもが ➡新たな市場にいち早く参入したり、新製品をいち早く導入したりすることにより得られる（先行者利益）という生産者の立場からも捉えることができる。
一般化	農業は自然条件を生かして行われていると捉えていた子どもが ➡工業生産も自然条件も生かしていると捉えることができる。

114

具体化	自動車の生産について、大きな工場でたくさんの機械を使って生産しているとしか例を挙げられなかった子どもが ➡人と機械の役割分担や、関連工場との協力なども例にしながら説明することができる。

単元展開　自動車をつくる工業

時間	問い
1	どのような車が欲しいか？ ➡なぜ車が欲しいのか？
2	自動車会社は、一台一台違う自動車をどのようにしてたくさん作っているのか？
3	どのような機械が働いているのか？ ➡なぜ機械の作業の一部を人の手に戻したのか？
4	どのような順番で作られているのか？ ➡なぜそこまで検査の項目が多いのか？
5	部品はどのように準備しているのか？ ➡部品が届かないと困るのに、なぜ部品を自分たちで作らないのか？
6	自動車はどのように開発されているのか？ ➡開発車はなぜそこまで頑張れるのか？
7	完成した自動車をどのようにして世界中の消費者のもとへ届けているのか？ ➡輸出する車と現地生産の車には、どのような違いがあるのか？
8	現地生産にはどのような難しさがあるのか？ ➡なぜそこまでして現地生産を続けるのか？
9	現地生産を増やすことは良いことなのか？ ➡これからの自動車づくりは、どのようにすれば良いのか？
10	電気自動車にはどのような課題があるのか？ ➡課題がたくさんあるのに、なぜ電気自動車の開発に力を入れているのか？
11	ガソリン車の開発車は電気自動車のことをどのように思っているのか？ ➡自動車づくりに携わる方たちはどのような想いで働いているのか？

5年生　自動車をつくる工業　115

単元展開のポイント

●「単元の問い」は一つとは限らない

本単元の中では、自動車の作り方だけでなく、輸送のことや、これからの自動車づくりに求められることも学習したい。ここまでの内容を含めた単元を見通す問いを立てるとすると、「一台一台違う自動車はどのようにしてたくさん作られ、どのように運ばれているのか。また、これからの自動車づくりはどのようにすればいいのか」というような問いになる。この問いは自然な流れの中では出てこない。

「一台一台違う自動車をどのようにしてたくさん作っているのか」という問いである程度単元を見通し、第二の問いとして「完成した自動車をどのようにして世界中に届けているのか」。第三の問いとして「これからの自動車づくりはどのようにすればいいのか」という問いを立て単元を進めていく。

「単元の問い」を立てる授業（第２時）

① 自動車の注文を体験する

番号	項目	選択肢	記号
1	ボディーカラー	上から選ぶ	
2	シート色	Aホワイト　Bブラック　Cブラウン　Dレッド	
3	シート数	A２列（４人乗り）　B３列（６人乗り）	
4	サイドエアバッグ	A付ける　　　　B付けない	
5	UVカットガラス	A付ける　　　　B付けない	
6	LEDライト	ALEDにする　BLEDにしない	
7	カーナビ	A付ける　　　　B付けない	
8	バックモニター	A付ける　　　　B付けない	
9	寒冷地仕様	A付ける　　　　B付けない	
10	助手席回転	A付ける　　　　B付けない	

自動車の注文してみたいですか？

　と問うと、間違いなく「やってみたい」と答える。このような体験活動は授業の導入にもってこいである。
　子どもたちに注文票を配り、思い思いの車を選択させた。寒冷地仕様など、誰のためのオプションかイメージしやすいものを入れておくことで、自動車会社は消費者のニーズに合った車を作っているということを捉えさせる。

❷「単元の問い」を立てる

　自分の注文と同じ友達がいないか立ち歩かせ調べさせる。同じになる人がいないという実感をもたせる。さらに実際は、オーディオの表面の基調（ピアノ調）などもっと細かい部分まで選べると子どもたちに伝えると「こんなに選べるようになっているなんて知らなかった、すごい！」という驚きの声が聞こえてくる。

　そこで「こんなオンリーワンの車は一日にどれくらい作られていると思いますか」と数に話題を向けさせる。ここではとにかく数の多さに驚かせたい（一の位から徐々に書いていき、一万の位で一度止めるなどの演出をすると、数の大きさが際立つ）。

> 日産自動車
> 年間自動車生産台数（国内）
> 1019972台　（2017年）

　そのようにして数を伝えると「えっ多い」という驚きや、「どうやってこん

5年生　自動車をつくる工業　117

なに作っているの」という疑問が聞こえてくる。

　子どもたちから「どうやって」とつぶやきが聞こえてくると話は早い。「一台一台違う自動車をどのようにしてたくさん作っているのか」という「単元の問い」を立てる。その後、予想をノートに書かせる。

❸ 予想を分類し、調べる計画（学習計画）を立てる

　子どもたちは、

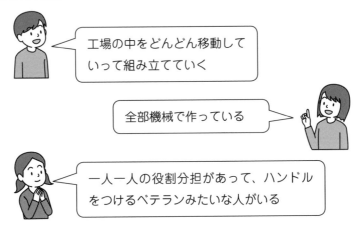

など様々な予想をする。

　ノートに書いたものから一番の理由だと思うものをＡ４の紙に大きく書かせ、白板に貼っていく。その時に自分の考えと友だちの考えが近いものは近くに貼らせることで、分類をしていく。

　分類したものに名前を「順番」「機械」「協力」「開発」というような抽象的な名前を子どもと付けていく。これをもとに「どのような順番で作られているのか」「どのような順番で自動車は作られているのか」「自動車はどのように開発されているのか」というように次の時間以降の問い（学習計画）を立て、授業を終える。

難しさを感じている子どもへの手だて

◎文字中心の資料の読み取りが苦手なAさん

- ➡一つ一つ確認するために、インタビュー資料は教師が読み上げ、鉛筆で追わせる。
- ➡「自分たちの予想を証明できるものを2人で相談しなさい」など確認のためのペア学習を取り入れる。
- ➡見通しをもたせてから資料に出合わせる。
- ★本時では「自分たちの予想を証明するのはどれか」と問うてから資料を渡す。

◎社会的事象に興味がもてないが、人には興味があるBさん

- ➡単元の中で実際に働くたくさんの人を登場させる。
- ★本時では、電気自動車を開発しているN社のKさんが登場する。
- ➡働く人の立場に立たせるために、見えることを捉えた後に「なぜKさんは機械ではなく人の手に作業を変えたのだろう（第3時）」や「なぜMさんはここまでして海外生産をしているのか（第8時）」など、人の想いに迫る発問をする。

本時の展開と技法（第10時）

本時のねらい

電気自動車の課題とよさを調べることを通して、電気自動車を開発する意味を理解できるようにする。

第10時の展開

❶ 電気自動車にはどのような課題があるのか発表する

電気自動車の普及率を予想させる。予想することで、割合に自然と注目させる。

普及率が0.1%と伝えると子どもたちは「えー」と言う。なぜ「えー」と言ったのか聞くと、少なすぎると答える。「なんで少ないか分かるよ。だって電気自動車には問題があるもん」と言う子も中にはいる。「どんな問題があるの？」と聞くと、「値段が高い」「充電ステーションが少ない」「充電に時間がかかる」という答えが返ってくる。

「電気自動車にはどのような課題があるのか」答えられるように、前時の「これからの自動車」の学習をした際に電気自動車のパンフレットを配るようにする。全員が答えられる活動から入ることは学びの安心感へとつながる。

日産、電気自動車　　　へ、

日産自動車は14日、2020年にも栃木工場（栃木県上三川町）で高級車タイプの電気自動車（EV）の生産を始めると明らかにした。EVの生産設備を新設し、21年に新型EVを発売する。投資規模は数百億円とみられる。

小型車のEV「リーフ」を生産する追浜工場（神奈川県横須賀市）に続き国内2カ所目のEV生産拠点となる。

ドイツの自動車大手ダイムラーやフォルクスワーゲン（VW）なども続々とEVを発表しており、自動車の電動化の動きは世界で環境意識の高まりなどを背景に加速している。日産は激化する競争に、高級車の拡充で対抗する。

1月には、米国や中国で展開する高級車ブランド「インフィニティ」の電動化モデルを21年に発売すると発表していた。インフィニティは国内では日産ブランドの「スカイライン」や「フーガ」として販売している。

産経フォト
https://www.sankei.com/photo/daily/news/180914/dly1809140014-n1.html

120

❷「なぜ電気自動車の工場を建てるのか」という問いを立てる

①の活動で電気自動車の課題について捉えた上で、左の資料を見せる。ブラインドを外すと子どもたちはここでも「えー」と言う。「なんで●●さんは今『えー』と言ったと思う？」と聞き返し、●●さんの問いをクラス全員の問いへと広げ、「普及率が低いのになぜ電気自動車の開発を進めるのか」という「本時の問い」を立てる。

> **Ｐoint　資料にブラインドをかけ、問いを立てる　【視覚化】【焦点化】**
>
> 「問い」は教師が与えるものでなく、子どもに生み出させたい。電気自動車の課題や普及率の低さに目を向けている子どもたちに「生産に力を入れていく」という事実は意外性のある資料である。この意外性を使って本時の問いを立てる。子どもの思考をずらし、自然と「なぜ？」という疑問が生まれるようにする。視覚化された資料を使い、学習の焦点化を図る。

❸ 資料を使い予想する

「なぜ」という問いに対して、予想させる。その際に、「消費者が車に求める性能」と「各国のガソリン車・ディーゼル車への動向」を資料として渡す。

> **Ｐoint　予想するための足場をつくる**
>
> 「なぜ」の問いを立ていきなり調べてもいいが、まずは自分たちの力で考えさせたい。「なぜ」を考えることが好きな子にとっては面白い活動であるが、苦手な子にとっては難しいだけの活動になってしまう。表や地図など、予想の際の足場となる資料を渡し、「この資料をヒントに予想してごらん」と促す。全く手の出ない活動にはしない。

5年生　自動車をつくる工業　121

消費者が車に求める性能

1位	燃費　環境に良い
2位	安全性（衝突防止など）
3位	生活に合っているか
4位	走行性能（加速、安定性など）
5位	車内の快適さ

国名	ガソリン車・ディーゼル車の販売禁止
フランス	2040年までに
イギリス	2040年までに
ドイツ	2030年までに
オランダ	2025年までに
ノルウェー	2030年までに
インド	2030年までに
日本	2030年までに電気自動車、ハイブリッド車の割合を50〜70%

❹ 電気自動車を開発されている方のインタビュー資料で確かめる

どうやったら予想が当たっているか調べられますか？

　と問うと、「電気自動車を開発している人に聞けばいい」と答える。教師が資料を一方的に渡すのではなく、どのようにしたら調べられるのか考えさせてから資料を渡す。
　インタビューした資料があることを伝えると、子どもたちは「知りたい！」と言う。「自分たちの予想が当たっているのはどこか探しながら、聞きなさい」と指示しインタビュー資料を読み上げていった。資料の読み取りに困難なAさんがいるからである。その後、自分たちの予想と当たっていたものはどれかペアで相談させる。

❺ 電気自動車を開発する理由をまとめる

　予想とインタビュー資料を突き合せた後、「インタビューの中に、"みんなのため"という言葉があるけど、"みんなのため"ってどういうこと？」と開発者の思いを解釈させる。すると、子どもたちは立場という視点をもって、予想

や調べたことを見直す。そして、「みんな」には環境、会社、消費者という3つの視点が含まれていることに気付く。「win-win-winになっている」と発言する子もいる。このような発言は取り上げ、「今●●君がwin-win-winって言ったけど、どういうこと？」と問い、解釈させる。このような共有化を意識して、全員に電気自動車を開発する意味を理解させる。

最後に、「今日の問いはなんだったっけ？」と問いを確認させ、「問いに対する答えをノートに書きなさい」と指示する。どの授業も問いに対する答えがまとめになるように展開を構造化しておくとこのような指示がなくても書けるようになる。

> **Point 最終的に自分の力でまとめが書けるようにする**
> 【スモールステップ化】
>
> まとめを全員に書かせるために、空欄にしたり、リード文を与えたりなど、書く際のハードルを下げることもできる。しかし、いつまでも低いハードルを跳ばせていていたのでは力はつかない。最終的には自分の力で書けるようにしていくのがスモールステップ化である。

❻ 次時への見通しをもつ

　電気自動車のことをどう思いますか？

「まとめ」を書いた後に、電気自動車のことをどう思うか子どもに聞くと「すごくいい」と答える。「このような電気自動車のことを、ガソリン車を開発していたFさんはどう思っているのかな？」と問う。この答えを知っている者はもちろんクラスの中にはいない。「誰にも分からない」という状態は非常にフェアであり、子どもたちの学びへの意欲を掻き立てる。すると口々に「きっとFさんはこう考えているよ」と予想が始まる。「次の時間はFさんが電気自動車についてどう思っているか考えようか」と次の時間の見通しをもたせて授業を終える。

次時は、電気自動車を開発しているKさんとガソリン車を開発しているFさんを比べることで、自動車作りに携わる人の共通の想いに気付かせる。

5年生

情報を伝える人々とわたしたち

単元のねらい

　我が国の産業と情報との関わりについて、情報を集め、発信するまでの工夫や努力などに着目して、放送・新聞などの情報産業が国民の生活を支えていることを理解できるようにする。

単元で成長させたい社会的な見方・考え方の例

多面化	情報の送受信について、正確に分かりやすく伝えることが大切だとしか捉えていなかった子どもが ➡公平、公正さに気を配りながら伝えること・受け止めることの重要性について捉えることができる。
多角化	新聞の紙面の構成について、自分に必要で有益な情報が欲しいという受信者の立場でしか捉えていなかった子どもが ➡受信者のニーズに応えるだけでなく、マスメディアとして社会的な使命もある発信者側の立場も捉えることができる。
一般化	自動車会社で働く人々は、消費者のニーズに応えながら商品生産をしていると捉えていた子どもが ➡新聞社で働く人々も、受信者のニーズを踏まえて発信していると捉えることができる。
具体化	新聞が作られる工程について、取材や記事を書くことしか例を挙げられなかった子どもが ➡編集作業や校正作業なども例に含めながら、情報産業に関わる多くの人々の工夫や努力も踏まえて説明することができる。

124

単元展開　情報を伝える人々とわたしたち

時間	問い
1	自分たちが必要な情報は、どのように得ているのか？ ➡自分の大好きな○○の情報は、いつ？　どこで？　どうやって？　得ているのだろう？
2	情報の届く早さはマスメディアによって異なっているのか？ ➡天気予報は、どのマスメディアから情報を得るのがよいのだろう？
3	多くの人々にとって分かりやすい情報とは、どのように発信されているのか？ ➡どうやって毎日、多くの情報を見やすく、分かりやすい新聞記事にしているのだろう？
4・5	どうやって新聞記事の内容が決められているのだろう？
6	なぜ一日の新聞記事に多くの人々が登場しているのだろう？
7	どうやって正しい情報かどうかを判断するのだろう？
8	新聞は他のマスメディアに比べて、受信者に早く情報を届けることは難しいことなのか？ ➡なぜ号外（発行番号の対象外）は無料で配布されるのだろう？
9	情報を得るだけでなく、選び活用するためにどんなことが必要なのか？ ➡自分自身が情報を得て、自分や家族・地域のために生かせることは何だろう？

5年生　情報を伝える人々とわたしたち　125

単元展開のポイント

●単元の終末にこれまでの学びを生かした選択・判断をさせる

　単元の学びを生かしながら、単元の終末に実際に情報を取捨選択することで、実際の子どもたちの生活と産業を結び付けていきたい。しかし、これまでの産業学習で扱ってきた米や魚、自動車とは異なり、具体物が見えにくいという点にはテコ入れが必要である。子どもたちにとって、具体物とはあくまでも本やスマートフォンといった媒体を捉えがちであり、「情報自体を買っている」という感覚は著しく乏しい。

　そこで、情報産業における立場に結び付けながら、発信者については、情報産業従事者としての視点をもって、受信者については、自らが当事者であるという認識をもたせながら単元を展開していきたい。本単元末では、実際に情報の選択・判断をさせることで、発信されている情報の一つ一つが日々の生活を支えていることに気付き、自分や家族、社会にとって最善の選択をするために活用されるものの一つである点を捉えせたい。

「単元の問い」を立てる授業（第1時）

❶ テレビ欄の工夫について調べる

　新聞の発刊工程を具体事例として取り上げて学習を展開していくので、その新聞にある頁の中でも、子どもたちに最も身近なテレビ欄を資料として扱う。

　まずは、子どもたちに配布したテレビ欄資料を使って、放送時間・放送局・番組名について「朝7時から〇〇放送局で放送されている番組は何だろう？」といったクイズ形式でいくつか読み取らせていく。

[新]	新放送
[終]	最終回
[再]	再放送
[解]	解説放送
[デ]	番組連動データ放送
[二]	二か国語
[多]	音声多重
[字]	字幕放送
[手]	手話放送

　子どもたちは、「（地上デジタル放送）テレビのリモコンを使って出るテレビ欄と一緒だ」などのつぶやきを出しながら、番組名を次々と回答していく。そこで、教師は、「どうしてみんなはすぐに番組名が分かるのですか？

」と驚いた反応をもちながら問い返すと「誰にでも分かりやすいテレビ欄だから」といった意見が多く出される。

続けて、同じテレビ欄の中にある右表に例示したようなマークの一つを取り上げる。

実はテレビ欄の中にこのパターンのマークがたくさんあるので、他の種類もできるだけ多く見つけてみてください

と発問をする。ある程度時間を与えた後、子どもたちが見つけたマークを黒板に出していく。

なぜこんなに分かりやすいテレビ欄なのに、こんなに分かりにくいマークをわざわざ入れているのだろう？

僕は今まで使ったことはない

必要な人にとってはこのマークは重要なのだから、きっとこのマークの意味も知っていると思う

ここでは、これらのマークを採用することによって、必要な情報を新聞内の限られた紙幅の中でより見やすいテレビ欄となるよう工夫されている、という点を捉えさせる。

5年生　情報を伝える人々とわたしたち　127

❷ 「単元の問い」を立てる

　このテレビ欄の工夫を基に、他の紙面や日付違いの新聞記事を内容の分かり
やすさに着目させながら読み比べさせ、工夫の共通点を整理させていく。

　すると、子どもたちは、地域に寄り添った頁があることや、スポーツについ
てまとめて記載された頁があること、毎日同じ頁がスポーツ面になっているこ
となどを見つけることができる。

　また、トップニュースは、一面記事に見出しや写真、資料やデータが付けら
れて記事にされていることにも気付く。ここまでの整理と分析を中心とした調
べ学習によって、次のような内容を含んだ単元を見通す問いを子どもたち自身
で作成することができる。

> どうやって毎日、多くの情報を見やすく、分かりやすい新聞記事にしてい
> るのだろう？

　これを通じて、単元全体の子どもたちの学びを問いの解にたどり着けるよう
デザインしていく。

❸ 予想を分類し、調べる計画（学習計画）を立てる

　子どもたちは、まず「新聞になるまでの作業を役割分担しているのではない
か」という大きな予想を立てる。それを基にして「分かりやすい新聞記事を作
るためにどんな役割をもった人々が働いているのだろう？」といった形でさ
らに具体に迫るために人にスポットを当て、予想を分類させやすくする。

　子どもたちは、既有知識から「新聞記者がいる」「記事の写真を撮るカメラ
マンがいる」「きっと記事の内容をチェックして、これで印刷してよいと決め
る人がいる」などの予想を立てる。また、「新聞記者の人が記事自体も書いて
いるの？」「新聞記者の人が写真も撮っていると思う」といった予想に対する
子ども達の質問や反応からも追求点を見いだしていきたい。

　この予想を基に、新聞の完成までに「どのような工程を経て、新聞記事がで
きるのか」「どのくらいの人々がどんな役割を担っているのか」「新聞記事にな
るまでに、どのくらい取材を行うのか」「取材中にどうやってその情報が正し
い情報かどうか判断するのか」といった形で次時以降の問い（学習計画）を立
て、本時の授業を終える。

難しさを感じている子どもへの手だて

●獲得している先行知識へのこだわりが強く、新たな知識を入れていくことが難しいAさん

→インタビュー資料や写真資料だけではなく、具体的な数値が入ったグラフ型資料を併せて提示し、取り扱う社会的事象の価値を数値から見いださせていく。

→友だちとの話合い活動においては、考えに対して、一つ以上の賛同点を見つけさせていく。

→授業の終末におけるまとめでは、本時で新たに取り扱ったキーワード（獲得した知識）も入れて書かせていく。

★本時では、話合い活動を始める際に、情報の発信者と受信者というそれぞれの立場に立ちながら、資料から新しく分かったことについて話し合うよう声かけをする。

●多いこと・大きいこと・早いこと＝工夫や努力がすごい！
少ないこと・小さいこと・遅いこと＝工夫や努力が足らない！
と捉えてしまうBさん

→授業の導入段階から、人々の工夫や努力が見える資料を扱う。

→少なくても、小さくても、遅くても価値がある社会的事象を単元の中に計画的且つ継続的に配置する。

→ゲストティーチャーの招聘など、単元で学習する社会的事象に関わる人々の生の声を授業で取り扱う。

★本時では、号外新聞の発刊に携わったことのある新聞記者のインタビュー動画を扱うことで情報産業に関わる人々の思いに迫る。

5年生　情報を伝える人々とわたしたち

本時の展開と技法（第8時）

本時のねらい

　号外が無料で配布されている理由を考えることを通して、情報産業に関わる人々の思いや願いについて理解できるようにする。

第8時の展開

❶ 「なぜ号外は無料で配布されるのだろう？」の問いをつくる

　導入では、子どもたちに身近な実物資料を扱っていくことで、本時の問い自体も子どもたちにつくらせていきたい。

　ここでは、最新の号外新聞の一つである新元号が平成から令和に変わった際に、新聞社から出されたものを取り扱う。当然、子どもたちも全員が周知の内容の号外新聞である。提示段階では、あえて号外新聞であることは伏せておき、まずは子どもたちに「この新聞の価値ってどのくらいあると思いますか？」と問う。すると、子どもたちは、元号が変わるという社会に対して影響力の大きい記事内容から、「僕たちが生まれてから一度もなかったことだから、すごく価値がある」「きっと珍しがって欲しい人がたくさんいるのではないか」といったように新聞にはプレミアム価格が付いているのではないかと予想する。この段階では子どもたちは、情報の価値＝新聞の価格という考えにある。

　しかし、この新聞は号外新聞のため、普段販売されているものより安い。安いどころか無料である。ここに子どもたちの感嘆の「え〜っ！」（認知的不協和）が生まれ、本時の問いへとつなげていく。

Point 認知的不協和から子どもたちに問い生み出させる【焦点化】

　単元を見通すものでも、各授業の本時でも、社会的事象に対する「問い」は、子どもたち自身に生み出させたい。教師側の視点であれば、子どもたち自身に「問い」を生み出させたように感じさせる手立てが必要である。

　教師は、授業を行うクラスの児童理解をベースに、子どもたちの既有知識を把握し、思考を認知的不協和（～なのに、なぜ～なのだろう？）へいざなう点にスポットが当てられた資料（ここでは、号外新聞）を提示し、問いに対する思考の焦点化を図っていきたい。

② 既有知識をもとに「問い」に対する予想を立てる

　ここでは、問題に対しての予想として「情報が一つだから無料でも良いと思ったのではないか」「号外は毎日出るものではない特別な情報なので、無料でも良いのではないか」「号外も出す時は、何処からか補助金が出るのではないか」「号外を出すというサービス自体が新聞社の宣伝になるのではないか」「無料でも、とにかく早くこの情報を届けたいという取材記者の強い思いが編集会議を動かしたのではないか」などの予想がたてられた。その後、子どもたち同士で予想の交流を行い、問いの解に向けての共有化を図る。

Point 予想を交流させることで新たな視点をもたせる【共有化】

　新聞＝有料という先行知識を強くもっている子どもにとって、号外が無料ということ自体にまず納得がいかない様子である。

　しかし、「無料でも、とにかく早くこの情報を届けたいという取材記者の強い想いが編集会議を動かしたのではないか」という友達の意見を聞いて、ハッとした様子で「そうか！　大切な情報を少しでも早く届けたい記者魂が燃えたんだ！」と納得していた。このような点に、共有化の価値を見いだすことができる。

5年生　情報を伝える人々とわたしたち　131

❸ **インタビュー動画の資料で事実を確認し、その意味を解釈する**

　予想を確かめ、事実を確認するために、ここでは、号外に対する新聞記者のインタビュー動画を資料として活用する。動画資料の内容は、次の通りである。

号外はどのような時に発刊されるのですか？

記者
世間の関心が極めて高いニュースであると社内で判断された時です。スポーツをはじめ何かの結果待ちなど事前に号外を打つと決めている場合と、緊急の事件・事故などそうでない場合があります

緊急時には事件・事故の発生からどのくらいで配布されるのですか？

記者
その時々によりますが、二時間以内に配布まで行います。そのため、号外は配布までの全てを新聞社の社員が行います。受け取ってくれる方々の表情を生で見ることができるので、そこでやり甲斐を感じ、情報を発信することへの使命感を改めて認識します。また、号外は後世において歴史的な資料となる場合もあるため、その職責の重さも感じています

　この資料から子どもたちが号外発刊までの事実を確認する。加えて、「『情報を発信することへの使命感』とは、どういうことなのだろう？」などと問う。記事内容の意味を解釈させることで、情報産業に従事する人々の思いや願いに、より深く迫ることができる。

❹ 号外が発刊される理由をまとめ、ノートにふりかえりを書く

　学習のまとめとして、まずは問いを子どもたちが改めて読み直すことで、本時の学びの足跡を再度確認させ、問いに直結するまとめを書かせる。

> 号外が無料で配布される理由は、情報として価値の高いトップ記事を少しでも早く、できるだけ多くの人々に伝えたいという記者たちの思いがあるから。

　次に本時の学習のふりかえりをノートに書かせる。ふりかえりでは、情報産業に携わる人々の思いや願いにもふれるよう指示する。ここで情意を強く意識させておくことで、次時の単元のまとめにも情意的な記述が表れるようになる。

Point　まとめとふりかえりを分けて書かせる【スモールステップ化】

　まず、まとめとして問いに直結する解を書かせる。これを学級内で共有する。次に、まとめによって明確になった解をもとに、社会的事象に関わる人々の情意面に寄り添った本時の学習のふりかえりを書かせることで、子どもたちそれぞれが自分自身で捉えることができた工夫や努力が見えてくる。

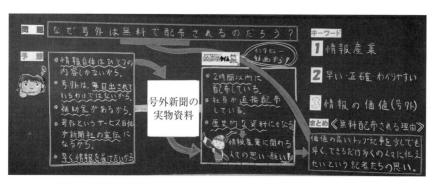

板書例（第8時）「なぜ号外は無料で配布されるのだろう？」

5年生　情報を伝える人々とわたしたち

6年生

天皇を中心とした国づくり

単元のねらい

古代日本の国づくりについて、聖徳太子や中大兄皇子、中臣鎌足、聖武天皇などのはたらきに着目し、大陸文化の摂取、大化の改新、大仏造営の様子を手掛かりに、天皇を中心とした政治が確立されたことを理解できるようにする。

単元で成長させたい社会的な見方・考え方の例

多面化	聖徳太子や聖武天皇が目指した国づくりの目的について、天皇中心の政治の確立という視点からしか捉えていなかった子どもが ➡大陸文化を取り入れて国を治める制度を整えた視点からも捉えることができる。
多角化	大仏づくりに対する願いについて、仏教の力で世の中を治めるという聖武天皇の立場からのみ捉えていた子どもが ➡大仏づくりに対する思いを具現化していこうとした民衆の立場からも捉えることができる。
一般化	国を治めるために必要なものは権力をもつことだけだと捉えていた子どもが ➡この時代においても、法律や税といった政治のしくみや、民衆の協力が必要だと捉えることができる。

134

具体化	聖武天皇の国づくりについて、大仏をつくることしか例を挙げられなかった子どもが ➡国分寺が置かれた場所の数や分布の広がりなども例にしながら説明することができる。

単元展開　天皇を中心とした国づくり

時間	問い
1	聖徳太子はどのような政治を行ったのだろう？ ➡なぜ、天皇を中心とした国づくりをしたのだろうか？
2	聖徳太子が目指した「天皇を中心とした国づくり」は、どのように進められたのだろう？
3	中大兄王子と中臣鎌足は、どのように国づくりを進められたのだろう？ ➡それらが、なぜ天皇中心の国づくりと言えるのだろうか？ ➡なぜ、天皇中心の国づくりを目指したのだろうか？
4	聖武天皇はどのように国づくりを進められたのだろう？ ➡なぜ、仏教の力で国を治めようとしたのだろうか？
5	大仏づくりは、どのように進められたのだろう？ ➡なぜ、聖武天皇は大仏づくりをしたのだろうか？
6	➡なぜ、多くの人が大仏づくりに携わったのだろうか？
7	日本と大陸には、どのような交流があったのだろう？ ➡なぜ、そうまでして人々は交流したのだろうか？

6年生　天皇を中心とした国づくり　135

単元展開のポイント

◉ 単元の問いに対する予想や疑問を出す際の足場を用意する

「単元の問い」を立て予想や疑問点を出す際、3～5学年は生活経験を基に予想や疑問点を出すことができるが、6学年の歴史学習では難しい。したがって、以下のページの実践で示すように、単元で学習する範囲を年表で示す。年表に書かれている内容に対して、「なぜ？」「どのように？」と付け加え、予想したり疑問を出させたりする。子どもの疑問を、人物や歴史的事象で分類していくことで、学習計画を立てることができる。

「単元の問い」を立てる授業（第2時）

❶ 単元の問いを立てる

まず、年表を見せて、前時の学習を簡単にふりかえる。「天皇を中心とした国づくりをするために、この後、聖徳太子は何をしたのでしょう？」と問い、「争いのない国にまとめた」といった聖徳太子のさらなる活躍を暗示させる。

そうして、次の年表の「622 聖徳太子がなくなる」だけを見せる。すると「え、死んでしまったの」「もう、国づくりができない」と子どもたちが驚く。そこで、「聖徳太子が目指した天皇を中心とした国づくりはどのように進められたのだろう」

年	主な出来事
574	聖徳太子が生まれる
593	聖徳太子が摂政となり天皇の代わりに政治をする
603	冠位十二階を定め、能力や功績で役人を取り立てる
604	十七条憲法を定め、役人の心構えを示す
607	遣隋使を送る　法隆寺を建てる

年表①（前時までの学習）

年	主な出来事
622	聖徳太子がなくなる
630	遣唐使を送る
645	中大兄皇子と中臣鎌足が蘇我氏をたおす
694	本格的な都（藤原京）がつくられる
701	新しい法律を定める
710	都が奈良（平城京）に移る
724	聖武天皇が位につく
741	国分寺を日本各地につくらせる
743	奈良の大仏をつくる詔（命令）を出す
752	奈良の大仏が完成する

年表②

136

と単元の問いを立てる。そして、年表を一つ一つ読みながら提示していく。

> **Ｐoint** 視覚化
>
> 資料を最初から全て見せるのではなく、「続きがどうなったのか知りたい」と思うしかけをつくる。子どもの期待度を上げることで、出来事の一つ一つを注意深く見るようになる。

❷ 調べたいことを付箋に書く

「この年表から詳しく調べたいことはどんなことですか」と問う。この時に「なぜ」や「どのように」など、問いの形で、調べていきたいことや疑問を付箋に書かせる。

すると、「701年の新しい法律って何だろう」「なぜ国分寺を日本各地につくらせたのだろう」などの疑問が出てくる。「遣唐使とは何？」というようなすぐに答えられる疑問はこのときに解決させておく。

6年生　天皇を中心とした国づくり　137

❸ 疑問を分類し、学習計画を立てる

　子どもたちの調べていきたいことや疑問の書かれた付箋を黒板に貼らせる。付箋が出尽くせば、中大兄皇子と中臣鎌足に関係のあるグループと聖武天皇に関係のあるグループに分類していく。「この二つのグループをまとめると、どのような問いになりますか」と問う。すると、「中大兄皇子と中臣鎌足は、どのように国づくりを進めたのだろう？」と「聖武天皇は、どのように国づくりを進めたのだろう？」という「本時の問い」が立つ。

分類前

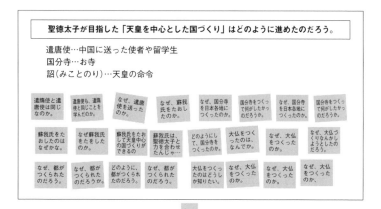

後

中大兄皇子と中臣鎌足は、どのように国づくりを進めたのだろうか。

聖武天皇は、どのように国づくりを進めたのだろうか。

難しさを感じている子どもへの手だて

●抽象度の高い日本語に困難を示す、外国につながりのあるAさん

➡社会科で定着させるべき語句は、平易な言葉でその意味を説明する。

★本時では、「大仏建立の詔」をさらに平易な言葉にしたものを別に用意しておく。

➡まとめをノートに書くときは、「～は、～な国づくりをした。例えば～だ。」とリード文を与えることで、表現支援をする。

●話合いについていけなくなるBさん

➡話し合うために使用する資料を一つに絞る。

★本時では、「大仏建立の詔」の資料に絞る。

➡話合いの最中に、ペアトークや教師の指名を小刻みに行うことで、話合いに戻ることができる機会を意図的に設ける。

★本時では、資料の読み取りの後、グループで読み取った内容を確認する。

➡前時の学習と比較したり関連付けて考えたりできるように、ノートや教科書でふりかえらせる。

6年生 天皇を中心とした国づくり

本時の展開と技法（第5時）

本時のねらい

　大仏建立の詔を調べることを通して、民衆と共に心を合わせて大仏づくりをしようとした聖武天皇の願いを理解することができるようにする。

第5時の展開

❶ どのように大仏をつくったのかを調べる。

　まず、「今日はどんな学習をすることになっていましたか」と問う。子どもは「『大仏づくりは、どのように進められたのだろう？』です」と答える。「では、それに関係のある動画を見せるよ」と伝える。

　動画で、大仏のつくり方について確認する。「高さは15m！校舎の3階と同じくらいだ」「材料は銅や金なんだね」「全部で約500tの銅と純金147kgが使われたんだ」「銅を溶かしたり水銀を扱ったり、とても危険な作業だったんだ」「つくるのに9年もかかっているよ」「のべ労働人員260万人も働いたんだね」と、子どもたちは大仏づくりについて具体的に理解する。

> **P**oint **効果的に動画を使う（視覚化）**
>
> 　資料の読み取りの方法の一つとして、動画がある。動画は、短時間で視覚的に理解しやすいという利点がある。

❷ 聖武天皇が大仏づくりをした理由を話し合う

　大仏づくりについて具体的に理解した後、感想や印象を発表させる。すると、子どもは「大変だ」「自分だったら働くのは絶対に嫌だ」などと言う。その発言を受け止めながら、「こんなに大変なのに、なぜ聖武天皇は大仏をつくろうとしたのだろう？」と問う。

　子どもに簡単に予想をさせたのち、大仏建立の詔を配り、大仏づくりをした

140

理由を話し合う。

聖武天皇が大仏をつくろうとした願いが分かることに着目させるために、「～というところから、～ということが分かる」という形でノートに書かせる。書かせたのち、グループで共有させる。

大仏建立の詔

わたしは、人々とともに仏の世界に近づこうと思い、大仏をつくることに決めた。国中の銅を使って大仏をつくり、大きな山をくずして大仏殿を建て、仏の教えを広めよう。

わたしは、天下の富も権力ももっており、大仏をつくることは難しくはないが、それでは、大仏に心を込めることが難しい。人々に苦労をかけると、わざわいの元になってしまうのではないかと心配である。

もし一本の草、一にぎりの土をもって大仏づくりに協力したいと願う者がいたら、認めよう。役人は大仏づくりのために、人々の暮らしを乱したり、無理な取り立てはしてはならない。国中にわたしの考えを広め、大仏づくりを知らせよう。

人々とともに仏の世界に近づこうということから、みんなで幸せになりたいということが分かる

わざわいの元になってしまうということから、人々を苦しませたくないということが分かる

一本の草や一握りの土ということから、少なくてもいいからみんなで力を合わせようとしていることが分かる

6年生　天皇を中心とした国づくり

> **Point** 資料を読み取る方法
>
> 文章資料の読み取りが苦手な子のために、「〜というところから、〜が分かる」「〜とは、〜ということだ」など読み取り方を示す。

そして、大仏建立の詔の最後の一文に着目し、「『国中にわたしの考えを広め』とあるが、聖武天皇の考えとは何ですか」と問い、人々と心を一つにして平和な国にしたいという聖武天皇の願いを捉えさせる。

❸ 聖武天皇の覚悟に迫る

「平和な国づくりをするために大仏をつくることは、今のみんななら納得できますか」と問う。

「疫病を治療するなら、病院のようなところをつくった方がいいと思う」や「大仏にお金を使うより貧しい人に寄付をしたらいい」と感じるであろう。子どもの感じ方を受け止め「それでも大仏づくりをしたのはどうしてかな」と切り返す。

こうして子どもたちは、

この時代は仏教しか頼るものがなかったからだと思います

大仏という、とんでもなく大きいものをつくって、何とかしたかったんだと思います

大仏づくりが最後の手段だったのではないでしょうか

と、大仏をつくろうとした聖武天皇の覚悟に迫ることができる。

奈良時代の寺院は、現代の政治学や医学、宗教学といった大学のような役割を果たしていたことを口頭で補足説明する。

❹ まとめをノートに書く。

　本時のまとめをノートに書く。外国につながりのある子どもの表現支援のために「聖武天皇が大仏をつくろうとしたのは、〜からだ」とフォーマットを与える。

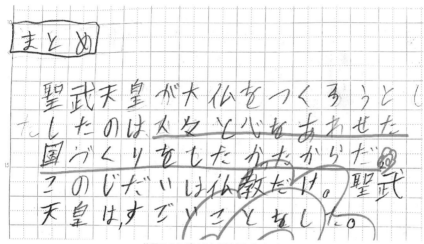

外国につながりのある子どものノート

6年生　天皇を中心とした国づくり

6年生

近代国家を目指して

単元のねらい

　大日本帝国憲法の発布、日清・日露の戦争、条約改正、科学の発展などに着目して、日本の国力が充実し国際的地位が向上したことを理解できるようにする。

単元で成長させたい社会的な見方・考え方の例

多面化	明治政府の諸政策の目的について、国民の生活を豊かにしたいという面しか捉えていなかった子どもが ➡外国に負けない軍事的に強い国を目指したという面も捉えることができる。
多角化	明治時代の政治力、軍事力、産業・文化の発達について、外国に負けないために必要不可欠だという政治家の立場からのみ捉えていた子どもが ➡労働時間が増えて大変だったという庶民の立場からも捉えることができる。
一般化	明治時代は外国に追いつくための大変さがあったと捉えていた子どもが ➡韓国併合、満州事変などがあった時代においても、世界の国々の中で生きていく難しさがあったことも捉えることができる。
具体化	明治政府の成果を上げた政策について、条約改正しか例を挙げられなかった子どもが ➡多額の賠償金によって日本の経済が豊かになったことや、軍事力が上がったことなども例にしながら説明することができる。

144

単元展開　近代国家を目指して

時間	問い
1	日本はどのようにして不平等条約を改正したのか？
2	日本はどのようにして政治力をつけたのか？ ➡なぜ政治力を高めることが条約改正の成功につながるのか？ ➡新しい政治の仕組みになって、人々の願いはかなえられるようになったのか？
3	日本はどのようにして軍事力をつけたのか？ ➡なぜ軍事力をあげることが条約改正の成功につながるのか？ ➡二つの戦争によって、日本が得たものと失ったものは何か？
4	日本はどのようにして産業・文化を発達させたのか？ ➡なぜ産業・文化を発達させることが条約改正の成功につながるのか？ ➡国際社会で日本が活躍するよさは何か？
5	条約改正が成功した一番大きな理由は、何だと思うか？
6	明治政府の政策は、成功したと言えるのか？ ➡明治政府の政策を、外国はどのように見ていたのか？

6年生　近代国家を目指して　145

単元展開のポイント

◉価値判断をすることで、子どもを引きつける

単元の終わり（第6時）に、「明治政府の政策は、成功したと言えるのか」という価値判断を行う。価値判断をする問いを設定することで、調べたり話し合ったりする必然性が生まれ、歴史的事象に子どもを引きつけやすい。

価値判断をすることを通して、今まで学習したことを関連させて考えたり、多角的に考えたりすることが大切である。何より、価値判断をする問いが「子どもが価値判断をしたい問い」になっていることが必要だ。そのためにも、第2時～第5時までの間に、「新しい政治になって人々の願いはかなえられるようになったのか？」「二つの戦争によって、日本が得たものと失ったものは何か？」などの問いを設定しておき、子どもが自然と「価値判断をしたい！」と思えるようにしておく。

「単元の問い」を立てる授業（第1時）

❶ 不平等条約による明治政府の苦しみを考える

単元の導入では、明治政府が幕末に結んだ不平等条約によって苦しんでいたことに気付かせる。

「ノルマントン号事件」の風刺画を一度にすべてを見せるのではなく、少しずつ見せていく。風刺画に描かれた、溺れている日本人の気持ちを想像させる。子どもたちの中に「溺れているのに助けないのはおかしい！」という感情が芽生える。

子どもの関心を高めた後「ノルマントン号事件」の概要を説明する。そして、「この船長に対して裁判官はどんな罪を与えたと思い

ますか？」と子どもたちに問う。「懲役○○年！」「終身刑！」など、子どもらしい意見が出てくる。その後、「軽い罪」だったことを伝える。子どもたちは驚き、つぶやく。

そのつぶやきを拾って、「なぜ船長は軽い罪になったと思いますか？　調べましょう」と伝える。すると、子どもたちは幕末に結んだ不平等条約を思い出し、何が不平等だったのかを考える。「治外法権を認めて、日本で起こる外国人との問題に対して、外国に有利な判決が下された」ことや、「関税自主権がなかったことによって、日本製の物が売れなくなって産業がおとろえた」ことなど、当時の日本が苦しんでいたことを確認する。

② 「単元の問い」を立て、予想する

子どもたちに、「この不平等条約を改正した方がいいと思いますか？」と問うと、「はい！」と答える。ここで、条約改正までの歩みをまとめた年表を提示する。一度にすべてを見せるのではなく、「江戸幕府が不平等条約を結ぶ」「イギリスとの間で、治外法権の廃止を決める」「アメリカとの間で、関税自主権の回復を決める」だけを提示し、他を隠して提示する。年表にブラインドをかけることで、不平等条約が改正されるまでに何が起こったのかを自然と予想させるためだ。子どもたちは、この不平等条約が結ばれてから約50年後に改正されたことを知る。そして、「日本はどのようにして不平等条約を改正したのか」という「単元の問い」を立てる。その後、予想をノートに書かせる。

年	主な出来事
1858	江戸幕府が不平等条約を結ぶ
1886	
1889	
1890	
1894	治外法権の廃止を決める
⋮	
1904	
1911	関税自主権の回復を決める

6年生　近代国家を目指して　147

❸ 予想を分類し、調べる計画（学習計画）を立てる

　子どもたちは、「日本の法律をよくした」「外国との戦争で勝ったから」「日本の産業が豊かになった」など、様々な予想を発表する。子どもたちが予想したことを、子どもたちに分類させる。そうすると、「政治力」「軍事力」「産業・文化」と分類することができる。子どもたちから出た予想のグループ分けを活用すると、①～③の「本時の問い」が立つ。

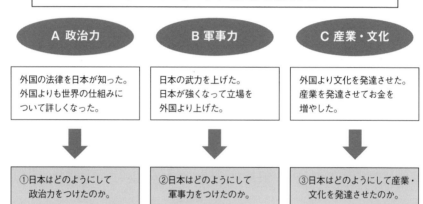

　グループ化するだけでなく、そのグループに「政治」「軍事」「経済」といった名前を付けさせる。社会科の言葉でラベリングする活動をすることで、次に国づくりを考えるときにも「政治」「軍事」「経済」から考えるようになる。

難しさを感じている子どもへの手だて

◎話合いに参加することが苦手なAさん

- ➡予想する場面では、十分に時間を確保し、話す機会を増やす。
- ➡何を考えたらいいのかが分からない場合が多いので、話し合う視点を明確にする。
- ★本時では、風刺画の一部を加工することで、資料のどこを見るのかを明確にし、思考しやすくする。
- ➡同じ立場の人とペアで話したり、座席を隣にしたりするなどして、安心感をもって全体で話し合えるようにする。

◎自分が思ったことを吟味せず発言してしまうBさん

- ➡自分の考えと理由をまずノートに書かせる。
- ➡自分の考えがどの立場で考えているのかを明確にさせる。
- ★本時では、ネームプレートを用いて、自分の立場を明確にしてから、全体の話合い活動に入る。
- ➡子ども任せのみで話合いを進めることなく、今何について話し合っているのかを確認するなど、止めるべきところでは止める。

本時の展開と技法（第6時）

本時のねらい

　明治政府の政策の是非を調べることを通して、明治政府、国民、外国の立場から、日本の国際的な地位の向上を理解することができる。

第6時の展開

❶ 明治政府の政策の是非を話し合う

　授業の冒頭、「明治政府の政策は、成功したと言えるのか」ということについて価値判断を行う。いきなり話し合わせるのではなく、ノートに調べたこと（事実）、意見や疑問、「成功●％」「失敗●％」と自分の判断を書かせる。①調べたこと、②自分の意見や疑問、③判断の三つをあらかじめノートに書かせておくことで、話合いが苦手な子どもも参加しやすくなる。

　子どもたちからは、「日清戦争に勝って、そのお金で国の産業は発達したか

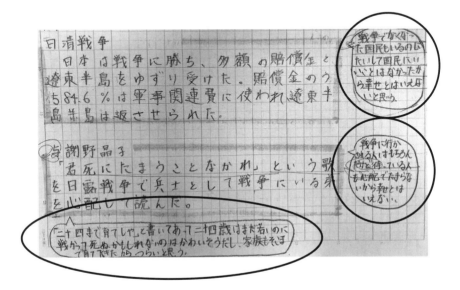

150

ら成功だと言える」「産業は発達したけど、長時間労働で亡くなった人もいたから、労働者にとっては成功したとは言えない」というような意見が出る。

> **Point 事実、解釈、判断を書かせてから、話し合う【スモールステップ化】**
> まず、はじめにノートに事実を書き、そこから解釈や判断をさせる。一度ノートに書かせたうえで話合いに入ることで、すべての子どもたちが話合いに参加しやすくなる。また、「どの立場でそのように考えたのか」ということもノートに書く。すると、話合いでも、当時の立場によって成功したのかどうかが異なっていたことが、子どもの言葉で表現される。

❷ 風刺画に隠された部分を予想し、新たな問いを立てる

子どもたちの話合いを一度まとめると、「明治政府の政策は、明治政府や国民などの立場によって、成功したと言えるし、成功したとは言えない」というようになる。政府、国民と二つの視点から捉えることができているので、多角

6年生　近代国家を目指して　151

的に社会的事象を見ているといえるが、ここでは日本からの視点だけでなく、外国からの視点でも捉えさせたい。

そこで、「当時の外国の国々は、明治政府の政策をこのように見ていました」と言い、前頁の風刺画（下駄の部分を隠す）を提示する。子どもたちは、隠れている部分を自然と考え始める。ブラインドを外すと、スーツなのに「下駄」を履いている日本人がいることが分かる。子どもたちは、「日本の格好がおかしい」「なんか背伸びしているように見える」と言う。

❸ 明治政府の政策を外国はどのように見ていたのかを考える

子どもたちが違和感を覚えたところで、「明治政府の政策を外国はどのように見ていたのですか？」と問う。子どもたちは、「外国のよさを取り入れて、自分たちの国を発展させるために、国民には辛い思いをさせてまでどんどん産業を発達させたから、日本は少し無理をしている」「外国から自分の国を守る必要性を感じたから、日清・日露戦争をしたように、外国と同じように戦争をする国に何とか入ろうとしている」「世界の国と対等な立場に立って世界をリードしたいから国内の政治を近代化させたけど、男性しか参加できなかったなど、まだまだ問題もある」などと答える。子どもたちは、明治政府、国民だけでなく、外国も含めた三つの視点から価値判断を行う。

❹ 再度、価値判断を行う

最後に、「明治政府の政策は、成功したと言えるのか」という授業の冒頭の問いと全く同じ価値判断をさせる。

はじめと最後で％が変わったことが大事なのではなく、事実がより確かになったり、解釈がより豊かになったりすることが大事である。

％を書かせる場合、下のような【リード文】の形を提示して書く。また、学

> 明治政府の政策は【　　】％成功で
> 【　　】％失敗です。
> なぜなら【　　　　　　】だからです。

152

級の実態に応じて、下のような円グラフを用いて学習のまとめを書くこともできる。こちらのよさは、成功、失敗、自分の考えをそれぞれ分けて書くことができるので、一文で書くよりも書きやすい。

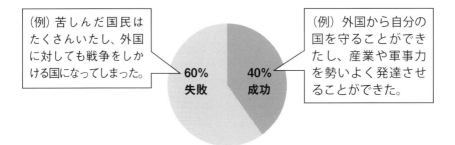

> **Point** 授業のはじめと、終わりをあえて同じ問いにする
> 【展開の構造化】
> 　授業を受ける前と、受けた後を比較することができるので、自分の成長に気付くことができる。子どもが学んだ実感をもつことができる。

おわりに

　前著、『社会科授業のユニバーサルデザイン』と本書の違いは二つです。
　一つは、当然のことながら内容。前著では、焦点化、視覚化、共有化など、言うなれば、「局面の工夫」を中心に説明しました。本書は、それらに加えて、45分の授業をどのように展開するのか、数時間の単元をどのように展開するのかという「展開の工夫」を中心に説明しています。局面で子どものモチベーションを上げることは大切なことですが、同時にモチベーションを維持することも大切なことです。「局面の工夫」×「展開の工夫」により、「社会科が好き」「社会科は分かる」と言う子どもが1人でも増えてくれたら、これほどうれしいことはありません。
　もう一つの違いは、執筆者。前著は1人でしたが、今回は10人の仲間と書きました。これが本当に楽しかったです。11人で書くけれど、一本筋の通った本にしようと話してきました。そのために、時間をかけて、原稿の検討を繰り返してきました。途中、挫けそうな場面もありましたが、互いに励ましあいながら、全員、書き「切る」ことができました。みんなで書き「上げた」のが本書です。
　本書をともに書いてくれた若き仲間達が、切磋琢磨しながら、さらに社会科授業のユニバーサルデザインに関する理論や実践を磨いてくれることを願っています。

「鉄は鉄によって研磨する。人はその友によって研磨される」
　（旧約聖書　箴言27章17節）

　最後になりますが、本書を出版するにあたりお世話になったみなさん、励ましのお言葉ありがとうございました。おかげさまで、本書をまとめることができました。ありがとうございました。

村田　辰明

引用・参考文献

桂聖（2011）『国語授業のユニバーサルデザイン』東洋館出版社

小貫悟（2018.6）「授業UDの『何を』研究するのか」　日本授業UD学会　『授業UD研究』05-66

澤井陽介　加藤寿朗（2017）『見方・考え方［社会科編］―「見方・考え方」を働かせる真の授業の姿とは?』東洋館出版社

澤井陽介（2015）『澤井陽介の社会科の授業デザイン』東洋館出版社

佐藤正寿（2011）『スペシャリスト直伝!社会科授業成功の極意』明治図書出版

奈須正裕（2017）『「資質・能力」と学びのメカニズム』東洋館出版社

岩田一彦（1993）『小学校社会科の授業分析』東京書籍

村田辰明（2013）『社会科授業のユニバーサルデザイン』東洋館出版社

文部科学省（2018）『小学校学習指導要領解説　社会編』

編著者 村田辰明（むらた・たつあき）

関西学院初等部副校長。山口県生まれ。山口県公立小学校教諭、山口大学教育学部附属山口小学校教諭、関西学院初等部教諭を経て現職。教師の"知恵".net事務局。メールマガジン「教師の"知恵"ぶくろ」編集長。教育出版小学校社会科教科書編集委員、日本授業UD学会関西支部代表、日本授業UD学会社会科部代表

執筆者一覧

●第1～4章

村田辰明　関西学院初等部副校長

●第5章

宗實直樹　関西学院初等部教諭　　　　　　3年　安全なくらしを守る

近藤佑生　三重県桑名市立大山田南小学校教諭

　　　　　　　　　　　　　　　　　　3年　市のうつりかわり

角谷俊幸　大阪府阪南市立東鳥取小学校教諭　4年　ごみはどこへ

小倉秀志　兵庫県神戸市立義務教育学校港島学園小学部教諭

　　　　　　　　　　　　　　　　　4年　地震にそなえるまちづくり

野田悠介　兵庫県川西市立久代小学校教諭

　　　　　　　　　　　　　　　　4年　わたしたちの県のまちづくり

髙松真也　同志社小学校教諭　　　　　　5年　米づくりのさかんな地域

石田航平　関西学院初等部教諭　　　　　5年　自動車をつくる工業

中村祐哉　広島県安芸郡熊野町立熊野第一小学校教諭

　　　　　　　　　　　　　　　　5年　情報を伝える人々とわたしたち

有馬章公　兵庫県姫路市立城東小学校教諭

　　　　　　　　　　　　　　　　6年　天皇を中心とした国づくり

田中雄大　大阪府池田市立池田小学校教諭

　　　　　　　　　　　　　　　　　　6年　近代国家を目指して

実践！ 社会科授業のユニバーサルデザイン
展開と技法

2019（令和元）年10月26日　初版第1刷発行

編著者　村田 辰明

著　者　社会科授業UD研究会

発行者　錦織 圭之介

発行所　株式会社　東洋館出版社

　　　　〒113-0021　東京都文京区本駒込5丁目16番7号
　　　　営業部　電話 03-3823-9206 ／ FAX 03-3823-9208
　　　　編集部　電話 03-3823-9207 ／ FAX 03-3823-9209
　　　　振替　00180-7-96823
　　　　U R L　http://www.toyokan.co.jp

DTP・カバーデザイン　株式会社明昌堂

印刷・製本　藤原印刷株式会社

ISBN978-4-491-03947-3
Printed in Japan

JCOPY ＜(社)出版者著作権管理機構 委託出版物＞
本書の無断複写は著作権法上での例外を除き禁じられています。複写される場合は、そのつど事前に、
(社)出版者著作権管理機構（電話03-5244-5088、FAX 03-5244-5089、e-mail：info@jcopy.or.jp）の
許諾を得てください。

大好評! 授業のUD Booksシリーズ

○ **授業のユニバーサルデザイン入門**
どの子も楽しく「わかる・できる」授業のつくり方
小貫悟・桂聖 著　　本体価格1,700円+税

○ **通常学級のユニバーサルデザインプランZero**
気になる子の「周囲」にアプローチする学級づくり
阿部利彦 編著　　本体価格1,600円+税

○ **通常学級のユニバーサルデザインプランZero2**
気になる子が多いクラスを変える5つのテクニック
阿部利彦 編著　　本体価格1,700円+税

○ **国語**　全員が楽しく「わかる・できる」国語授業づくり
桂聖 著　　本体価格1,700円+税

○ **社会科**　全員で楽しく社会的見方・考え方を身に付ける!
村田辰明 著　　本体価格1,700円+税

○ **道徳**　全員が楽しく「考える・わかる」道徳授業づくり
坂本哲彦 著　　本体価格1,800円+税

○ **算数**　全員で楽しく「数学的な見方・考え方」を身に付ける!
伊藤幹哲 著・磯部年晃 解説　　本体価格2,000円+税

がんばる先生を応援します!　東洋館出版社
〒113-0021　東京都文京区本駒込5丁目16番7号
TEL: 03-3823-9206　FAX: 03-3823-9208
URL: http://www.toyokan.co.jp

新学習指導要領に準拠！

漢字学習 ＋ 認知トレーニング

1日5分！教室で使える 漢字コグトレ

児童精神科医・医学博士
宮口幸治
［著］

覚える　写す　数える　見つける　想像する

コピーして使える ワークシート

1年〜6年　全6巻

認知機能トレーニングと漢字学習が同時にできる「漢字コグトレ」。すぐに使えるワークシート付きで、1日5分、簡単に取り組めます。出題漢字は新学習指導要領に準拠。子どもたちを傷つけることなく、ゲーム感覚で楽しく学習することができます。

●B5判・各210頁　税込定価各2200円

書籍に関するお問い合わせは東洋館出版社［営業部］まで。　TEL:03-3823-9206　FAX:03-3823-9208